Viele weitere Ideen, Bücher und Materialien

für die Kinder- und Jugendarbeit können unter

shop.grik.de

bestellt werden!

Die nachfolgenden Texte und Bilder stammen aus "Grik.de - Ideen für die Kinder- und Jugendarbeit" unter www.grik.de.

Herausgeber:	Mehlersoft (Christian Mehler) als Verantwortlicher für www.grik.de
Autoren:	Zahlreiche Mitarbeiter aus dem Bereich der Kinder- und Jugendarbeit
Herstellung und Verlag:	Books on Demand GmbH, Norderstedt
Layout:	Mehlersoft (Christian Mehler) - www.mehlersoft.com
1. Auflage:	November 2011

© by Mehlersoft (Christian Mehler), 2011

ISBN 978-3-8448-0248-1

Inhaltsverzeichnis

Weitere Informationen abrufen ...

Um schnell Fragen stellen zu können, eigene Variationen des Inhalts vorzustellen, weitere Tipps hinzufügen, weitere Informationen abzurufen, etc. gehst du auf www.grik.de und gibst dort in der Suche in der rechten Spalte den Artikeltitel oder die Nummer (steht in Klammern) ein. Sofort kannst du loslegen!

Vorwort

"Hättest du nicht Lust, die Ferienfahrt zu organisieren?" oder "Wollen wir nicht die Ferienfahrt zusammen leiten?" oder "Schön wäre es doch, wenn wir mal eine Ferienfahrt auf die Beine stellen könnten!" oder "Was würdet ihr von einer Ferienfahrt halten?" - mit irgendeiner dieser Fragen fängt es meistens an, dass man aus den bekannten Gefilden des eigenen Vereins aufbricht in eine neue Welt voller Mysterien und Abenteuer, aber auch voller Stolpersteine und Gefahren.

Auch wenn schon seit Jahren Ferienfahrten in dieser Organisation angeboten werden, so ist es doch nochmal etwas ganz anderes, diese zu betreuen, zu leiten oder sogar zu organisieren. Und auch als erfahrener (Ferienfahrten- bzw. Lager-) Opa kann man immer noch von Anregungen, Gedanken und Ideen von anderen profitieren. Genau für euch sind die folgenden Artikel da!

Die folgenden Artikel sollen jedoch nicht stocksteif, sondern lebendig sein. Jeder kann, darf und soll diese online immer wieder verändern, erweitern und anzweifeln. Denn nur so kann daraus ein lebendiges Wissen entstehen, das jedem nützt.

Die Adresse dazu lautet:

http://www.grik.de/k792-Ferienfahrten-organisieren.html

Besonderer Dank geht an Andreas Robra, Anne Steeg, Benni Richter, Elena Saffer, Georg Lingemann, Holger Grytz, Jan-Dirk Singenstreu, Johannes Henning, Mathias Radomski, Miriam Peters, Monika Gisler, Nina Stock, Patrick Soppa, Raffaela Pollak, Rebecca Armingeon, Roland Riner und Thomas Überreiter, die dieses Praxisbuch durch ihre Artikel, Beiträge und Anregungen erst ermöglichten.

Ich wünsche euch tolle Ferienfahrten!

Christian Mehler

Sprachschatz für "Ferienfahrten organisieren"

Teilnehmer
steht als Begriff für Kinder und Jugendliche, die an der Ferienfahrt teilnehmen.

Ferienfahrt
steht stellvertretend für alle Aktionen wie Lager, Zelten, Wochenendfahrten, ...

Betreuer
steht für alle sonst noch so gebräuchlichen Begriffe wie Teamer, ...

Leitung/Leiter
ist der Begriff für denjenigen, der über den Betreuern steht, aber noch auf der Ferienfahrt mit dabei ist.

Träger/Veranstalter
ist die Institution, der Verein oder die Organisation, die die Ferienfahrt anbietet.

Zeitplan für die Planung von Ferienfahrten

Während der Organisation, der Vor- und Nachbereitung, aber auch während der Durchführung einer Ferienfahrt müssen an vielen "Meilensteinen" Entscheidungen getroffen werden, um das Gelingen der Ferienfahrt zu ermöglichen. Um die Entscheidungen zu einem günstigen Zeitpunkt treffen zu können, liefert der folgende Zeitplan eine Übersicht über die wichtigsten Punkte.

16 bis 9 Monate vor der Ferienfahrt
- Ideen der allerersten Stunde (5346)
- Haus, Lagerplatz, Unterkunft suchen (Der Zeltplatz-Check (4707), Der Unterkünfte-Check (4708))
- bei Zeltplätzen: Notunterkünfte suchen
- Planungstreffen planen (Die Planungstreffen bzw. das Planungswochenende planen (5421))
- Rückblick: Was war im letzten Lager unglücklich gelöst und was möchten wir in der kommenden Ferienfahrt verbessern.
- Datum und Art der Ferienfahrt festlegen

6 bis 5 Monate vor der Ferienfahrt
- Budget erstellen (Finanzierung der Ferienfahrt (5349))
- Team zusammenstellen (Leitung, Betreuer und Küchenteam suchen (5401))
- Aufgaben unter dem Team verteilen
- Planungstreffen (2. Planungstreffen/-wochenenden)
- Thema bzw. Motto (5394) bestimmen
- grobes Programm erstellen (Planung der Tage und Einheiten (5357))
- Anmeldung erstellen, publizieren und versenden (Ausschreibung und Werbung (5392))

4 bis 3 Monate vor der Ferienfahrt
- Detailprogramm verfassen (ggf. durch weiteres Planungstreffen)
- Ankunfts- und Abfahrtszeiten bestimmen
- Bei Sponsoren anfragen

- Anmeldungen bestätigen (Versand von Rückmeldebögen (5408))
- zum Elternabend oder Vortreffen (5393) einladen

2 Monate vor der Ferienfahrt
- Materialliste erstellen
- Materialtransport planen
- Elternabende und Vortreffen (5393)

1 Monat vor der Ferienfahrt
- Notfallblatt (2981) erstellen und abklären, wo der nächste während der Ferienfahrt anwesende Arzt seine Praxis hat.
- Rückmeldebögen auf unklare Angaben überprüfen und per Rücksprache abklären

1 Woche vor der Ferienfahrt
- Material einkaufen
- Lagerapotheke überprüfen

Ferienfahrt
- Spaß haben ;-)

Direkt nach bzw. 1 Woche nach der Ferienfahrt
- Aufräumen (Abbau, Reinigung, Lagerung, Reperatur und Neuanschaffung von Material nach der Ferienfahrt (5374))
- Betreuerabschluss (5410)
- Zeitungsbericht verfassen
- Dankesbriefe an Sponsoren schreiben

1 bis 3 Monate nach der Ferienfahrt
- Nachtreffen nach der Ferienfahrt (5373)
- Abrechnung erstellen
- Auswertungssitzung (Evaluation einer Ferienfahrt (5375))

VORPLANUNGEN

Ideen der allerersten Stunde

Für mich immer die allerersten Fragen:

Zielgruppe
Welche Zielgruppe will ich ansprechen? Dabei muss sowohl das Alter bedacht werden als auch das Geschlecht und die Interessengruppe. Möchte ich eine Freizeit für Kinder von 6 bis 8 Jahren machen? Soll diese Freizeit eine reine Mädchenfahrt sein? Oder soll es vielleicht doch eine Kanu-Abenteuerfreizeit sein?

Zeitlicher Rahmen
Der zeitliche Rahmen der Ferienfahrt. Wie lange soll die Ferienfahrt dauern und von wann bis wann soll sie konkret stattfinden? Entsprechend der Zielgruppe müssen natürlich Schulferien berücksichtigt werden. Gerade in den Sommerferien ist wichtig, die Ferienfahrt nicht unbedingt über die Halbzeitpause zu legen. Dies ist für die Urlaubsplanung der Eltern oft ungünstig. Will ich, ausgehend von der Zielgruppe 6 bis 8 Jahre, Fußball begeistert, eine Wochenendfahrt machen? Soll diese am zweiten Maiwochenende stattfinden oder doch besser am ersten Maiwochenende?

Form der Freizeit
Welche Form der Ferienfahrt soll es sein? Selbstversorger oder Vollverpflegung? Soll gezeltet oder ein Haus gebucht werden?

Wohin
Wohin soll die Ferienfahrt gehen? Dabei ist natürlich wieder die Zielgruppe wichtig. So ist es mit 6 bis 8-Jährigen wohl eher unklug, gleich 2000 km weit nach Süditalien zu fahren. Bei der Zielgruppe der 14 bis 16-Jährigen auf einer Kanu-Abenteuerfreizeit wäre zum Beispiel Schweden ein schönes Ziel.

Anzahl der Teilnehmer
Wie viele Teilnehmer möchte ich gerne mitnehmen? Soll es eine

kleine Gruppe mit 15 Teilnehmern sein oder doch eine große Gruppe mit 40 Teilnehmern?

Betreuer
Wie viele Betreuer werden benötigt? Ist die Zahl der Teilnehmer festgelegt worden, muss natürlich auch die Zahl der Betreuer festgesetzt werden. Habe ich "Profis" dabei, brauche ich weniger Betreuer. Sind viele Neulinge dabei, ist es sinnvoller, lieber einen Betreuer mehr mitzunehmen. Bin ich als Sozialpädagoge alleine mit Neulingsbetreuern unterwegs? Bin ich als langjähriger Betreuer nun erstmals selbst die Leitung und habe mein erfahrenes Team von Betreuern dabei? Meist haben Kinderferienfahrten einen Schlüssel von 1 zu 6 bis 7. Also einen Betreuer auf 6 oder 7 Teilnehmer.

Finanzen
Wie groß ist der finanzielle Rahmen der Ferienfahrt? Wie teuer darf die Ferienfahrt für die Teilnehmer maximal sein? Sollen auch die Betreuer einen Eigenanteil leisten?

Haus oder Lagerplatz suchen
Hat man sich für eine Zielgruppe, den zeitlichen Rahmen, die Form der Freizeit, die Zielregion und die Zahl der Teilnehmer und Betreuer entschieden und kennt auch den finanziellen Rahmen, geht es an die konkrete Suche eines Lagerplatzes beziehungsweise eines Hauses. Abhängig davon muss man sich auch Gedanken über die Form der Anreise machen: individuelle Anreise oder gemeinsame Anreise mit mehreren PKWs oder einem Reisebus. Soll es in das Freizeitheim im Nachbarort gehen und wäre das Haus auch frei? Als Hilfe beim Aussuchen können die beiden Checklisten "Der Unterkünfte-Check" (4708) und "Der Zeltplatz-Check" (4707) dienen.

Interessierte Teilnehmer gesucht

Bevor es an die Vorplanungen einer Ferienfahrt geht, sollte zu allererst einmal überlegt werden, ob überhaupt eine ausreichend große Menge an Teilnehmern an dieser Ferienfahrt teilnehmen will.

Diese Frage wurde in der Vergangenheit vermutlich nur selten gestellt. Sie wird jedoch für die Zukunft immer wichtiger werden. Denn es wäre unsinnig eine Ferienfahrt mit viel Engagement zu planen und vorzubereiten, wenn sich am Ende herausstellt: Auf dieser Ferienfahrt möchte gar keiner mitfahren. Also lieber vorher überlegen, ob es überhaupt Teilnehmer geben wird und ein bisschen umhören.

Bei traditionsgewachsenen Ferienfahrten ist dieser Punkt jedoch nicht so wichtig. Lief die Ferienfahrt im letzten Jahr von den Anmeldungen her betrachtet sehr gut, wird sie sehr wahrscheinlich auch in diesem Jahr wieder laufen (gravierende Veränderungen innerhalb der Organisation ausgenommen!). Gab es jedoch schon im letzten Jahr Probleme, Teilnehmer zu finden, sollte doch wieder zuerst überlegt und gehorcht werden, ob genügend Interessenten vorhanden sind.

Für den Fall, dass genügend Interessenten vorhanden sind, ist alles super und die eigentliche Planung kann beginnen.

In dem Fall, dass nicht genügend Interessenten vorhanden sind, muss überlegt werden, woran dies liegt und, sollte man die Ferienfahrt unbedingt machen wollen, wie diese interessanter gestaltet werden kann. Anschließend muss dann ein weiteres Mal geschaut werden, ob es Interessenten gibt. Sollte dies wieder nicht der Fall sein, so muss man sich damit abfinden und die Ferienfahrt streichen! Es bringt nichts eine Ferienfahrt zu planen und anzubieten, wenn man schon vorher ziemlich sicher weiß, dass der Interessentenkreis viel zu klein ist.

Der Unterkünfte-Check

Worauf ich als Leiter einer Aktion beim Suchen des Veranstaltungsortes achten sollte!

Allgemeine Daten
- Anschrift
- Ansprechperson
- Haus, Hütte, Herberge
- Räume
- Bettenanzahl (Verteilung)
- Internetadresse
- Hausordnung

Kosten, Müll und Verpflegung
- Müllentsorgung (Trennen notwendig, Abfuhr selbst organisieren?)
- Verpflegung: Vollverpflegung oder Selbstverpflegung?
- Küchenzubehör vorhanden?
- Küchengröße?
- Kosten
- Reinigungskosten

Gelände und Lage
- Geländegröße
- Lagerfeuerplatz (Feuerstelle und/oder die Möglichkeit diese selbst anzulegen; Feuerholz vorhanden oder platznah sammelbar; Bauholz selbst schlagen; Sägewerk in der Nähe; Holzreste zum Verfeuern)
- Platz für Skizze
- Sonneneinstrahlung
- Untergrund matschig, voraussichtliche Wege schlammgefährdet, Hänge von denen Wasser kommen könnte (Zelte)
- Zufahrt für Reisebus und Materialtransport (LKW)
- Gefahrenquellen (im Gelände durch steile Abhänge, Kletterfelsen, Fluss, Sumpf, ...)
- Möglichkeit, nasse Sache aufzuhängen und zu trocknen

Sanitäranlagen und Elektro
- Wasser (im Preis oder zusätzlich)
- Strom (im Preis oder zusätzlich)
- Sanitäranlagen (Duschen, WC`s)

Freizeitmöglichkeiten
- Anbindung an öffentliche Verkehrsmittel
- Freizeitmöglichkeiten (Tischtennisplatte, Fußballplatz, Basketballkorb, Schwimmbad/See + Entfernung)
- Ausflugsziele (Burgen, Freizeitparks, Wanderziele, Höhlen, Abenteuerspielplätze, Museen, etc.)

Auf jedem Fall vor dem Lager zu klären:
- Klima in der Region allgemein (wärmer, kälter, feuchter als zuhause)
- Muss das Haus mit jemandem geteilt werden? Wenn ja, passt der Nachbar zu uns?
- Ärztliche Versorgung (Krankenhäuser, Notarztnähe, Allgemeinärzte im Ort)
- Empfehlungen vorheriger Gruppen (evtl. Kontaktdaten)
- Nachbarn im Dorf (Erfahrung mit Lärm)/auf angrenzenden Zeltplätzen (Gruppierung und Teilnehmeralter)
- Dorfjugend bekannt für Überfälle?
- Kartenmaterial für Erkundungen und Wanderungen
- Einkaufsmöglichkeiten (Supermarkt, Metzger, Bäcker, etc.) und Rabattmöglichkeiten

Der Zeltplatz-Check

Worauf ich als Leiter einer Aktion beim Suchen des Zeltplatzes achten sollte!

Allgemeine Platzdaten
- Anschrift
- Ansprechperson
- Zeltplatz, Zeltplatz mit Schutzhütte, Zeltplatz mit Haus
- Räume
- Internetadresse
- Platzordnung

Kosten, Müll und Verpflegung
- Müllentsorgung (Trennen notwendig, Abfuhr selbst organisieren?)
- Verpflegung: Vollverpflegung oder Selbstverpflegung?
- Kosten
- Reinigungskosten

Gelände und Lage
- Geländegröße
- Lagerfeuerplatz (Feuerstelle und/oder die Möglichkeit diese selbst anzulegen; Feuerholz vorhanden oder platznah sammelbar; Bauholz selbst schlagen; Sägewerk in der Nähe, Holzreste zum Verfeuern)
- Platz für Skizze
- Baumbestand rund ums Lager (Sturmbruchgefahr beachten beim Stellen der Zelte)
- Wetterseite und Windrichtung (Zelte geschützt aufstellen)
- Sonneneinstrahlung
- Untergrund matschig, voraussichtliche Wege schlammgefährdet, Hänge von denen Wasser kommen könnte (Zelte)
- Zufahrt für Reisebus und Materialtransport (LKW)
- Gefahrenquellen (im Gelände durch steile Abhänge, Kletterfelsen, Fluss, Sumpf, etc.)
- Möglichkeit, nasse Sache aufzuhängen und zu trocknen

Sanitäranlagen und Elektro
- Wasseranschluss (im Preis oder zusätzlich)
- Stromanschluss (im Preis oder zusätzlich)
- Sanitäranlagen (Duschen, WCs)

Freizeitmöglichkeiten
- Anbindung an öffentliche Verkehrsmittel
- Freizeitmöglichkeiten (Tischtennisplatte, Fußballplatz,
  Basketballkorb, Schwimmbad/See mit Entfernung)
- Ausflugsziele (Burgen, Freizeitparks, Wanderziele, Höhlen,
  Abenteuerspielplätze, Museen, etc.)

Auf jeden Fall vor dem Lager zu klären:
- Klima in der Region allgemein (wärmer, kälter, feuchter als
  zuhause)
- Muss das Haus/der Platz mit jemandem geteilt werden? Wenn ja,
  passt der Nachbar zu uns?
- Ärztliche Versorgung (Krankenhäuser, Notarztnähe, Allgemein-
  ärzte im Ort)
- Empfehlungen vorheriger Gruppen (evtl. Kontaktdaten)
- Nachbarn im Dorf (Erfahrung mit Lärm)/auf angrenzenden
  Zeltplätzen (Gruppierung und Teilnehmeralter)
- Dorfjugend bekannt für Überfälle?
- Kartenmaterial für Erkundungen und Wanderungen
- Einkaufsmöglichkeiten (Supermarkt, Metzger, Bäcker, etc.) und
  Rabattmöglichkeiten

Leitung

Ob und in welcher Funktion eine Leitung für die Ferienfahrt benötigt wird, ist von vielen Faktoren abhängig. Handelt es sich um eine Ferienfahrt eines kleinen Vereins, so wird meist - weil keine Bürokraft vorhanden ist - die Leitung allein schon zur Ansprechperson für Eltern und Teilnehmer, zum Versenden der Anmeldebestätigungen, die Kontrolle des Geldeinganges und die Kontrolle der Rückmeldebögen benötigt. Sollte eine Bürokraft vorhanden sein, kann sich die Leitung ganz auf die Vorbereitung der eigentlichen Ferienfahrt sowie der Planungstreffen konzentrieren.

Anforderungen an die Leitung
Die Leitungsperson einer Ferienfahrt sollte schon bei mehreren Ferienfahrten betreut haben, um die Belastungen, aber auch die Bedürfnisse von Betreuern und Teilnehmern richtig einschätzen zu können. Zudem sollte sie sich ihrer Rolle als Vertreter nach außen (bspw. Elternkontakt) und als Organisator (bspw. Materialbesorgungen) sowie als Koordinator (bspw. bei kurzfristigen Änderungen) bewusst sein. Vor allem sollte sie versuchen, den Betreuern den Rücken zu stärken, aber auch auf Schwächen hinweisen.

Gedanken ...
... zu den Planungstreffen: Viele Hinweise zu den Planungstreffen findet man im Kapitel 2. Planungstreffen/-wochenenden.
... zur Ferienfahrt: Die Gedanken zur Ferienfahrt finden sich in den Kapiteln 3. Kontakt mit Eltern und Teilnehmern und 4. Während der Ferienfahrt.
... zur Nachbereitung der Ferienfahrt: Diese findet man im Kapitel 5. Nach der Ferienfahrt

Betreuer

Betreuer sind das A und O einer gelungenen Ferienfahrt. Nur durch deren Ideenreichtum und Einsatzbereitschaft wird eine Ferienfahrt gelingen. Daher ist es wichtig, dass die Leitung (5398) mit ihnen kooperiert und sie unterstützt. Genau wegen diesem starken Einfluss auf das Gelingen der Ferienfahrt ist es wichtig die Betreuer sorgfältig auszuwählen. Gleichzeitig ist diese Auswahl allerdings sehr schwierig, da man kaum Betreuerbewerbungen im Überfluss hat und diese auch kaum richtig testen kann. Je nach Art und Aufbau der Ferienfahrt werden andere Kriterien stärker und andere schwächer zu bewerten sein.

Kriterien für die Betreuerauswahl
- Ist oder war der Betreuer schon in der Kinder- und Jugendarbeit aktiv (Gruppenstunden, Sportverein, andere Ferienfahrten)?
- Welche Inhalte, Beschäftigungen, Aufgaben hatte er dabei?
- Besitzt er eine Juleica-Schulung oder eine vergleichbare Ausbildung für Jugendleiter?
- Welchen beruflichen Hintergrund hat er?
- Hat er Spaß an der Arbeit mit Kindern?
- Bringt er neue Ideen mit ein?
- Kann er sich in das Team einfügen?
- Kommt er mit der Organisationsform zurecht?
- ...

Vor allem bei Organisationen, in denen jährlich nur eine Ferienfahrt für die Mitglieder stattfindet, existiert häufig der Status des "Hilfsbetreuers". Das sind Teilnehmer, die zu alt für eine Teilnahme als echter Teilnehmer, aber zugleich zu jung für einen Betreuer sind. In dieser Zwischenform können die Hilfsbetreuer die Betreuer teilweise schon entlasten und können vor allem in die Betreuerrolle hineinschnuppern (ähnlich wie ein Praktikum).

Küchenteam

Findet die Ferienfahrt in einer Einrichtung mit Vollverpflegung statt, muss man sich zumindest um ein Küchenteam keine Gedanken machen. So wie die Betreuer (5399) großen Einfluss auf den Erfolg der Ferienfahrt haben, so bestimmt aber vor allem das Küchenteam die Stimmung während der Ferienfahrt. Mit schlechtem Essen fällt die Stimmung, mit gutem steigt sie jedoch selten - bleibt aber zumindest konstant.

Je nach Art der Unterkunft muss man beim Küchenteam auf mehrere Aspekte achten. Ist eine fest installierte Küche vorhanden oder muss im Zelt gekocht werden? Für den Aufbau einer Küche gibt es viele Hinweise und Anleitungen in unserem Buch "Die Jugendleiter-Küche" (ISBN 978-3-8334-9534-2) und auch beim zuständigen Gesundheitsamt. Mit dem Küchenteam sollten vorher einige Randbedingungen gemeinsam bestimmt werden (Wert auf Bio-Nahrungsmittel, saisonale oder regionale Erzeugnisse; Anzahl der Gerichte mit Fleisch; Zusatzstoffe; Allergien der Teilnehmer; Vegetarier bzw. Veganer).

Als Kriterien für das Küchenteam dienen:
- Hat das Küchenteam schon einmal in einer solchen Einrichtung (feste Großküche, Zeltküche, etc.) gearbeitet?
- Besitz ein Teammitglied eine gültige Fahrerlaubnis, um die Einkaufsfahrten zu übernehmen?
- Hat das Team schon einmal für eine vergleichbare Gruppengröße gekocht?
- Haben alle Küchenmitarbeiter ein Gesundheitszeugnis (ausgestellt durch das Gesundheitsamt)?
- Sind die Mitglieder mit dem Infektionsschutzgesetz vertraut?
- Ist das Team mit den Hygienie-, Zubereitungs- und Lagerungsvorschriften vertraut?
- ...

Leitung, Betreuer und Küchenteam suchen

Für eine Ferienfahrt benötigt man außer einer Leitung (5398) und mehreren Betreuer (5399) auch noch ggf. ein Küchenteam (5400). Diese zu finden, stellt bei einer entsprechenden Organisationsgröße und einer gewachsenen Ferienfahrtenkultur kaum ein Problem dar. Sollte es trotzdem zu Engpässen kommen, so können die folgenden Tipps weiterhelfen:

- Für die Leitung, die Leiter und erfahrene Betreuer der letzten Jahre direkt ansprechen.
- Für die Betreuertätigkeit auch bei Teilnehmern werben, die einige Jahre zuvor teilgenommen hatten, und sich (hoffentlich) positiv an die Ferienfahrt erinnern.
- Nach Betreuern kann man auch per Zeitungsanzeige, Aushang in örtlichen Geschäften und sogar in befreundeten Vereinen (ohne eigene Ferienfahrten) suchen.
- Das Küchenteam kann auch aus Eltern (mit entsprechenden Einweisungen bzw. Schulungen) gebildet werden.
- Auch online kann man nach Betreuern, Leitung und dem Küchenteam bei www.ferienfahrt.info fanden.

Finanzierung

Um einen möglichst passenden Teilnehmerbeitrag zu erstellen, muss man verschiedene Punkte in seiner Rechnung berücksichtigen, die je nach Ort und den Gegebenheiten vor Ort entsprechend ausgeprägt sind.

Am besten eignet sich dabei die Erstellung einer Tabelle mit Hilfe einer Tabellenkalkulationssoftware. Dort bekommt man durch das richtige Einbinden und Setzen von Verweisen sowie Rechnungen eine Übersicht, die sich selbst aktualisiert.

Wichtig ist dabei die Unterscheidung zwischen den fixen (festen) und den variablen Kosten. Die fixen Kosten entstehen relativ unabhängig von der Teilnehmer- und Betreueranzahl. Die variablen Kosten sind in erster Linie von der Anzahl der Teilnehmer abhängig. Zudem bietet sich eine klare Unterscheidung zwischen den Einnahmen und den Ausgaben an.

Viele der Punkte kann man erst abschließend klären, nachdem man erste Zusagen von Betreuern und der Lagerleitung hat und die ersten Eckpunkte des Programms stehen.

1. Allgemeine Daten
- Anzahl der Teilnehmer
- Anzahl der Betreuer
- Anzahl der Lagerleitungen
- Anzahl der Tage

2. Einnahmen
- Teilnahmebeitrag
- Zuschüsse von Land/Kreis
- Zuschüsse von Gliederung oder höherer Gliederungsebene
- Zuschüsse von anderen Institutionen
- Spenden

3. Ausgaben
- Planungstreffen bzw. -wochenenden
- Anreise der Teilnehmer

- Anreise der Betreuer
- Transport des Materials
- für Unterkunft pro Teilnehmer pro Tag
- für Unterkunft pro Betreuer oder Lagerleitung pro Tag
- ggf. für Essen pro Teilnehmer pro Tag
- ggf. für Essen pro Betreuer oder Lagerleitung pro Tag
- für Material pro Teilnehmer pro Tag
- für Verwaltung (Versand des Rückmeldebogens, Einladungen, Druck der Flyer, etc.)
- Sonstige Kosten als Puffer (für Eintritte, Eis, etc.)
- ggf. Aufwandsentschädigung pro Betreuer
- ggf. Dankeschön oder Abschlussessen für Betreuer
- ggf. Aufwandsentschädigung pro Lagerleitung
- ggf. Dankeschön oder Abschlussessen für Lagerleitung
- ggf. Versicherungen (Reiserücktrittsversicherung, Materialien, Rechtsschutzversicherung, Haftpflichtversicherung)

4. Ergebnis
- alles miteinander verrechnen und freuen (oder überlegen, wo man noch etwas kürzen kann bzw. muss)

Versicherung

Je nachdem, ob man nur Vereinsmitglieder oder auch noch andere Teilnehmer mit auf die Ferienfahrt nimmt, sind unterschiedliche Versicherungen sinnvoll. Im Bereich der Kinder- und Jugendarbeit ist vor allem der Deutsche Ring und das Jugendhaus Düsseldorf ein guter Ansprechpartner. Aber auch andere Versicherungen nehmen zunehmend spezielle Versicherungen für Jugendgruppenreisen in ihr Programm auf. Zahlreiche Vereine bzw. Verbände haben mit speziellen Versicherungen eigene Tarife ausgehandelt. Ein Anruf in der Landes- oder Bundesgeschäftsstelle des eigenen Vereins lohnt sich deshalb meistens.

Prinzipiell unterscheidet man viele verschiedene Versicherungen. Die wichtigsten für Ferienfahrten dürften sein:

- PKW-Tagesversicherung
- Krankenversicherung
- Unfallversicherung
- Haftpflichtversicherung
- Rechtsschutzversicherung
- Reiserücktrittskostenversicherung
- Reisegepäckversicherung
- Gruppenzeltgepäckversicherung
- Elektronikversicherung
- Insolvenzversicherung für die eigene Institution als
  Reiseveranstalter

Je nachdem, welche man davon für die jeweilige Ferienfahrt abschließt, steigen die Kosten der Fahrt entsprechend. Es empfiehlt sich vor dem Abschluss, die Kosten und die Leistungen der verschiedenen Anbieter genau zu überprüfen.

Anbieter
- Jugendhaus Düsseldorf Versicherungen
- Deutscher Ring
- Ecclesia
- Bernhard Assekuranz

Gedanken zu besonderen Orten und Aktionen

Rund um die gewählte Unterkunft gibt es meist die verschiedensten Gebiete oder auch Freizeitattraktionen, die sich für verschiedene Aktionen auf der Ferienfahrt eignen könnten. Hier werden einige Gedanken und Überlegungen zu häufig vorkommenden Orten genannt. Es geht hierbei nicht um die Ausgestaltung dieser Orte, sondern um die Vor- und Sicherheitsüberlegungen, um einen ungetrübten Spaß ermöglichen zu können.

Lagerfeuerstätte
- Darf man überhaupt ein Feuer machen?
- Erlaubt die Waldbrandgefahrenstufe ein Feuer?
- Kann sie frei genutzt werden oder muss man sich vorher anmelden?
- Frei von Nägeln und Asche?
- Gut erreichbar (auch Nachts)?
- Kann und darf Holz in der Nähe gesammelt werden?

Schwimmbad
- Zu Fuß erreichbar?
- Gut sichtbarer Treffpunkt möglich?
- Klare End- bzw. Pausenregelung?
- Vorher im Schwimmbad anmelden (vor allem bei kleineren Bädern sinnvoll)?
- Wer kann gut schwimmen, wer nicht so gut, wer gar nicht?
- Wer überwacht?

Wald
- Vor allem für Nachtaktionen: Jagdzeit? Mit Förster abgesprochen?
- Brutzeit?
- Existiert ein natürlich begrenztes Waldstück?
- Gut sichtbarer Sammelpunkt?
- End- bzw. Stoppsignal?

Wiese
- Frei von Löchern?
- Frei von Nägeln oder anderen Verletzungsquellen?
- Darf sie benutzt werden?

Ort/Stadt
- Wer darf sich in 3er-Gruppen bewegen, wer nicht?
- Fester Standort der Betreuer (um in Notfällen erreichbar zu sein)
- ggf. Notfall-Handy-Nummer?
- Klare Endregelung!
- Hinlaufen oder -fahren?
- Wofür ist dieser Ort bzw. diese Stadt berühmt? Was ist besonders?
- Was kann günstig oder umsonst besucht werden (Museen, tolle Spielplätze, historische Bauwerke/Stadtmauern, etc. - Programmbezug?)
- Gibt es einen Kinderstadtplan?

Wanderung
- Auf befahrenen Straßen: vorne und hinten jeweils ein Betreuer, hintereinander
- Im Wald: Abschluss und Anfang jeweils ein Betreuer, am besten ebenso noch in der Mitte ein Betreuer
- Ende und Mitte mindestens Erste-Hilfe-Taschen
- Genügend Verpflegung, insbesondere Trinken mit dabei?

Freizeitpark
- Fester Standort eines Betreuers
- Ggf. Notfall-Handy-Nummer
- Klare Pausen- und Endregelung
- Wer darf sich in 3er-Gruppen bewegen, wer nicht?

27

Die Planungstreffen bzw. das Planungswochenende planen

Unabhängig davon, dass auf einem bzw. wohl eher mehreren Planungstreffen oder -wochenenden viel erledigt werden muss (vgl. 2. Planungstreffen/-wochenenden (794)), muss auch dieses Treffen selbst organisiert werden. Einige Gedanken dazu:

- Ort
- einzelne Treffen oder Wochenenden (in erster Linie vom Betreuerstamm und deren Herkunft direkt abhängig, sonst frei wählbar)
- Ziele der einzelnen Treffen bzw. Wochenenden: Was soll am Ende dieses Treffens stehen oder entschieden sein?
- Aufbau und Spiele (im Sinne von Gruppenstruktur- und Aktionsphasen (5420))
- Highlights und Auflockerungen einbauen
- Finanzierung klären (vgl. Finanzierung der Ferienfahrt (5349))

PLANUNGSTREFFEN

Von den Betreuern zum Betreuerteam

Da sich häufig für jede Ferienfahrt ein neuer Leiter- und Betreuerstamm bildet, ist es wichtig, dass sich diese kennenlernen und zum Team formen. Das muss zum einen durch kreative und demokratische Arbeitsmethoden während der 2. Planungstreffen/-wochenenden umgesetzt werden. Zum anderen sollte man auch spaßige und gemeinschaftsfördernde Aktionen (Schwimmbad- und Kinobesuche, Lagerfeuerabend, etc.), und passende Spiele, Aufgaben und Trainings einsetzen. Dabei bietet sich (analog zu jeder anderen Gruppenaktion) die folgende Reihenfolge an:

- Kennenlernspiele
- Kommunikationsspiele
- ohne Gewinner
- Kooperationsspiele
- Gruppenaufgaben, gruppendynamische Spiele
- Vertrauensspiele

Gruppenstruktur- und Aktionsphasen

Für die Planung der Ferienfahrt, aber auch schon für die Planung der Planungstreffen/-wochenenden ist es wichtig, die verschiedenen Phasen einer Gruppe zu kennen. Denn in jeder dieser Phasen hat die Gruppe verschiedene Bedürfnisse, Einstellungen, aber auch Wünsche. Daher muss man seine Inhalte und Aktionen sowie Spiele an diese Phasen anpassen. Die Phasen dauern in unterschiedlichen Gruppen unterschiedlich lang und können direkt durch die Leitung beeinflusst werden.

Gründungsphase
Jeder kommt mit unterschiedlichen Erwartungen und Zielen, die durch die eigenen Vorerfahrungen geprägt sind. Die Gruppenmitglieder bleiben auf Distanz. Es gilt, die Spielregeln der Gruppe herauszufinden: Wie ist der Umgang miteinander? Was sind Tabus? Wer will führen?

Folgen: Kennenlernen ermöglichen, Autorität des Leiters durch klare Vorgaben festigen

Streitphase
Die unterschiedlichen Zielvorstellungen treffen aufeinander. Die Hierarchie wird festgelegt. Jeder sucht seine Rolle und will seine Ziele durchsetzen. Gefahr von Einzelgängern.

Folgen: Diskussionen ermöglichen, Kooperationsaufgaben einbauen, Unterstützung von Außenseitern

Vertragsphase
Die Gruppe hat sich auf einen Gruppenvertrag mit den wichtigsten, übereinstimmenden Zielen festgelegt, sich mit diesen abgefunden, auf diese geeinigt oder festgelegt. Die persönliche Beteiligung steigt.

Folgen: Leiter kann etwas in den Hintergrund treten (Rückfrage: Wirklich abgeschlossen oder noch in der Streitphase und es stehen Interessen Einzelner im Vordergrund?)

Arbeitsphase
Der Gruppenvertrag ist stabil, wird allerdings immer wieder auf die Bewährungsprobe gestellt. Jeder engagiert sich und identifiziert sich stark mit der Gruppe.

Folgen: Leiter unterstützt die Produktivität der Gruppe, kann diese, aber größtenteils selbst aktiv werden lassen.

Bilanzphase
Überprüfung des Gruppenvertrages, Neuaushandlung oder Auflösung.

Folgen: Leiter muss helfen, Veränderungen sichtbar zu machen, Prozesse zu reflektieren und bei einem neuen Gruppenvertrag unterstützen.

Unabhängig von diesen Gruppenstrukturphasen sollten auch noch die Aktionsphasen bei den Planungen berücksichtigt werden, die die Empfindungen eines jeden Einzelnen im Verlauf einer gesamten Aktion betrachtet:

1. Anfang, Ankommen, Orientierung
Unsicherheit der Einzelnen, Suchen nach Normen; Abklärung von Erwartungen, Abbau von Ängsten, Ermöglichen positiver Erlebnisse; Kennenlernspiele, Partnerübungen, "Spielregeln" vereinbaren

2. Machtkampf, Kontrolle, Gärung
Mitglieder werden persönlicher, Rangeleien, Statuskämpfe; Rahmen des Kurses abstecken, Regeln des Umgangs miteinander ausarbeiten; Spiele mit den Stärken einzelner, Wettbewerbspiele; Kommunikationsübungen

3. Vertrautheit, Intimität, Klärung
Offenere Kommunikation, Austausch von Meinungen, langsames Entstehen des Wir-Gefühls; freie Entfaltung des Einzelnen und der Gruppe, offene Kommunikation und Kooperation fördern; Rollenspiele, Kooperationsübungen

4. Differenzierung, Aktion

Gruppe ist voll arbeitsfähig, starker Zusammenhalt, erhöhte Einsatzbereitschaft des Einzelnen, echtes Wir-Gefühl; bewusster Umgang mit Stärken und Schwächen; Leitung an Gruppe abgeben, gruppendynamische Übungen, gemeinsam Aktionen organisieren

5. Abschied, Abschluss, Trennung, Ende

Neue Unruhe in der Gruppe, ambivalente Beziehungen, Austausch früherer Gruppenerlebnisse, Abschiedsvermeidungsversuche; Transfermöglichkeiten aufzeigen, positive Erinnerungen ermöglichen, Ablösungsschmerz zulassen; Reflexion des Gruppengeschehens, Auswertung der gemachten Erfahrungen, Zukunftsaussichten eröffnen, Verabschiedung, Dank

Thema bzw. Motto

Viele Ferienfahrten stehen unter einem Thema bzw. Motto. Ob man dies wirklich benötigt oder man darauf verzichten kann, ist nicht nur vom Alter der Teilnehmer, sondern auch von der Kreativität und der eigenen Einstellung der Betreuer dazu, abhängig. Mit Hilfe von Mottos und den dazugehörigen erfundenen Figuren, Rahmengeschichten, Ereignissen und Spielabwandlungen kann man für die Teilnehmer die Ferienfahrt noch erlebnisreicher gestalten und gemeinsam mit ihnen in eine fiktive Welt eintauchen. Allerdings schließen Mottos jedoch auch mitunter einen Teilnehmerkreis aus, wenn dieser sich in keiner Weise mit dem Motto identifizieren kann.

Umgedreht gilt für eine Fahrt ohne Motto, dass sie einen breiten Teilnehmerkreis anspricht, jedoch die Erlebnisse nicht zwangsläufig in einem solchen Fluss erlebt werden, da sie nicht von der Grundthematik her miteinander verknüpft sind. Ein anderes Plus ohne Motto ist, dass man in der Gestaltung meist freier ist. Zudem kann man auch Zwischenmodelle umsetzen und nur einzelne Tage unter Mottos bzw. Themen stellen.

Um ein Motto bzw. Thema zu finden (falls nicht schon vorgegeben), ist ein mehrstufiges Vorgehen auf den Planungstreffen sinnvoll:

1. Abstimmung darüber, ob ein Motto bzw. Thema überhaupt gewünscht ist? (kann entfallen bei entsprechenden Vorgaben)
2. Die Betreuer notieren frei auf Zetteln verschiedenen Mottos, die ihnen einfallen (Brainstorming).
3. Die Zettel werden nach gleichen bzw. ähnlichen gruppiert (Clustern).
4. Über diese Gruppen erfolgt entweder direkt eine Abstimmung oder erst noch eine kurze Phase, in der man zu jeder Gruppe Ideen für die Umsetzung erfindet.
5. Die x Gruppen mit den meisten Stimmen werden in Kleingruppen von je y Betreuern bearbeitet, indem Spielideen, Figuren, aber auch Elemente für eine Rahmengeschichte aufgeschrieben werden.

6. Die Kleingruppen stellen sich gegenseitig ihre Umsetzungsideen vor.
7. Es erfolgt eine Abstimmung über das endgültige Motto (oder man kann ggf. auch mehrere miteinander verbinden)

Natürlich muss man nicht völlig ohne Vorbereitung in diese Schritte starten, sondern darf sich gerne von entsprechenden Sammlungen (bspw. Themenwegweiser: Mottos für Ferienfahrten/Lager/Freizeiten/Zeltlager (4651)) inspirieren lassen.

Planung der Tage und Einheiten

Während der Planungsphase bietet es sich an, das Sammeln der möglichen Aktionen - passend zum Thema der Ferienfahrt - als Brainstorming mit allen Betreuern zu gestalten. Dabei sollten die einzelnen Ideen, um das spätere Zuordnen zu erleichtern, auf einzelnen Blättern aufgeschrieben werden. Nach dem Brainstorming sollten die Ideen in der Runde kurz vorgestellt und ggf. zu komplizierte, umfangreiche oder auch unmöglich realisierbare Ideen ausgeschlossen werden.

Für die Ordnungsphase sollte ein großes , unterteilt in die Tage (in den Spalten) und die möglichen Zeiten (in den Zeilen), wie Vormittag, Nachmittag und Abend, vorbereitet sein. Jetzt werden gemeinsam mit allen die Aktionen den möglichen Plätzen (Tag und Zeit) zugeordnet und ggf. immer wieder etwas verschoben. Bei allen Aktionen ist zu beachten, in welcher Entwicklungsphase sich die Gesamtgruppe gerade befindet (schwieriges Kooperationsspiel ist am Anfang unmöglich, Kennenlernspiel am Schluss evtl. unsinnig, etc.).

Nachdem der Plan steht, muss nur noch geklärt werden, wer welche Aktion vorbereitet. Dazu können Zettel ausgeteilt werden, die die folgenden Punkte abfragen:

- Titel
- benötigtes Material
- Teilnehmeranzahl: von ... bis ...
- Betreueranzahl: von ... bis ...
- Dauer
- Anleitung
- Hinweise / Zu beachten

Mit Hilfe dieser Planungszettel kann hinterher eine Liste erstellt werden, die alle Aktionen ausführlich und mit allen notwendigen Hinweisen beschreibt. Viele Ideen für passende Aktionen findet man in der Rubrik Neigungsgruppen & Workshops und in unserem gleichnamigen Buch (ISBN 978-3-8370-6544-2).

Rechtliche Aspekte einer Ferienfahrt

Zuerst das Wichtigste: Kein Betreuer einer Ferienfahrt steht mit einem Bein im Gefängnis - aber natürlich gibt es vieles, dass man beachten muss. Angefangen beim Jugendschutz über Aufsichtspflicht, Haftung und Versicherungen bis hin zu rechtsgültigen Anmeldeformularen. Bevor hier jetzt angefangen wird, sich in dem Dschungel der Rechtsvorschriften zu verlieren, gebe ich einen klaren Buchtipp: Aufsichtspflicht, Haftung, Versicherung für Jugendgruppenleiter. Praxisratgeber für Jugendorganisationen. Richtig handeln, wenn etwas passiert. von Günter Mayer (1222). In dem Buch wird mittlerweile auf unseren Anmeldeformular- und Rückmeldebogen-Baukasten (4112) verwiesen, der viele Aspekte, die man bei diesen beiden Formularen beachten muss, enthält und begründet.

Darüberhinaus sollen hier einige kleine Tipps mit auf den Weg gegeben werden:

- Schult eure Betreuer regelmäßig über Aufsichtspflicht!
- Schult eure Betreuer regelmäßig über den jeweils gültigen Jugendschutz!
- Das Geben von Medikamenten ist nur mit schriftlicher Anordnung der Eltern oder dem Verschreiben durch einen Arzt erlaubt. Ansonsten den Teilnehmern keine Medikamente geben.
- Haltet euch an Richtlinien, die von Verbänden oder staatlichen Institutionen publiziert werden.
- Macht euch mit dem Infektionsschutzgesetz vertraut.
- Informiert euch über die geltenden Hygienevorschriften für die Zubereitung und Lagerung von Lebensmitteln (vor allem das Küchenteam (5400)).
- Holt euch die schriftliche Erlaubnis, die erstellten Fotos und Videos organisationsintern und zu Werbezwecken benutzen zu dürfen.
- ...

Verhaltens- und organisatorische Absprachen

Es ist außerordentlich wichtig vor der Ferienfahrt das Verhalten der Betreuer untereinander sowie gegenüber den Kindern und auch die diversen organisatorischen Punkte abzusprechen, um eine für alle Beteiligten erfreuliche und harmonische Ferienfahrt umsetzen zu können.

Für die Betreuer sind vor allem Absprachen wichtig über

- für Teilnehmer "verbotene Zonen"
- das Telefonieren der Kinder mit zu Hause (jederzeit erlaubt; nur an bestimmten Telefonterminen) - vgl. Handy, Natel, Mobil-Telefon und Co (1068)
- das Entscheiden über vorher nicht klar festgelegte Wünsche der Kinder (bspw. wünschen sich diese draußen zu übernachten; Betreuer X erlaubt es; Betreuer Z ist dagegen) - also kurze Konferenzen zur gemeinsamen Entscheidungsfindung oder Entscheidung der Leitungsebene?
- Art und Umfang der Vorbereitung von Neigungsgruppen und anderen Aktionen
- Heraussuchen und Besorgen von benötigten Materialien
- gemeinsame Umgangsformen
- die Zuständigkeit für Erste-Hilfe und Wartung der Ausrüstung - vgl. Medizinkoffer auf Freizeiten - Inhalt (1349)
- die Zuständigkeit für die Medikamentenausgabe (einzelner Betreuer oder jeweils der Betreuer der Kleingruppe)
- Organisationsform bei Wanderungen (ein Betreuer vorne, einer hinten; der vordere kontrolliert den Gruppenzusammenhalt und sorgt entsprechend für Pausen zum Aufschließen)
- Organisation der Mittagspause (wer kümmert sich wann, wie um die Teilnehmer)
- Organisation der Dienste bzw. Aufgaben der Teilnehmer (Spüldienst, Tischdeckdienst, Toilettendienst, Aufräum- bzw, Mülldienst, Zeltnachspanndienst) - vgl. Allg. Aufgaben für Kinder im Lager (5359) und Klodienst (3388)
- Umgang mit Regelverstößen durch Teilnehmer

- Umgang mit Strafen (direkte Bestrafung oder erst Besprechung im Team; Zusammenhang zwischen Tat und Strafe herstellen?) - vgl. effektive Strafen? (4833)
- Umgang mit Regelverstößen durch Betreuer - vgl. Das Team muss sich verstehen (4049)
- Nachbesprechung des aktuellen, Vorbesprechung des kommenden Tages
- das letzte Wort und die schnelle Entscheidungsgewalt in unvorhersehbaren Situationen
- Belohnungen für Teilnehmer - vgl. Punktesystem auf Freizeiten (2434)
- Umgang mit Heimweh und die dazugehörigen Tricks - vgl. Heimwehkinder - was tun? (5286), Heimweh (1141)
- freie Stunden bzw. einen freien Nachmittag zur Erholung für ein bis zwei Betreuer

Umgang mit Notfällen

Während einer Ferienfahrt können viele Notfälle auftreten:

- Teilnehmer stolpert, fällt hin und hat anschließend Schmerzen.
- Kabbelei zwischen mehreren Teilnehmern mit einer blutigen Nase.
- Reaktionen auf Umwelteinflüsse: Sonnenstich, Unterkühlung, Allergien, Hyperventilation (Schnappatmung)
- Programmpunkt fällt aus, weil das dafür benötigte Material, die Umgebung oder das Wetter nicht passt.
- Betreuer wird krank und fällt daher aus.
- ...

Sind die ersten Notfälle noch medizinischer Natur, so betreffen die folgenden vor allem die organisatorische Ebene. Daher ist es wichtig, bereits vor der Ferienfahrt zwei Festlegungen zu treffen:

- Wer ist Ansprechperson und Entscheider bei medizinischen Notfällen?
- Wer ist Ansprechperson und Entscheider bei organisatorischen Notfällen?

Für die medizinischen Notfälle sollte nach Möglichkeit eine Person ausgewählt werden, die über entsprechendes Wissen und am besten über einen San A (Sanitäter A, Sanitätshelfer) oder eine höhere Qualifikation verfügt. Dieser Person obliegt die Versorgung sowie auch die Entscheidung für die Fahrt zum Arzt oder das Rufen eines Rettungswagens. Dabei sollte man lieber zu häufig, als zu selten den Rettungswagen bemühen und bei einer akuten Verletzung (Bruch, Ohnmacht, Unterkühlung, Allergien, ...) keine selbständige Fahrt zum Krankenhaus vornehmen. Das Risiko, dass auf der Fahrt sich der Zustand des Teilnehmers verschlechtert, ist zu hoch. Die anderen Betreuer haben in einem medizinischen Fall natürlich die Aufgabe die anderen Teilnehmer (bis auf ggf. einen Freund bzw. eine Freundin) von der Unfallstelle zu entfernen und zu beschäftigen (unabhängig davon, was passiert und was geplant

ist). Ein bereits vorher bestimmter, weiterer Betreuer sollte zur Unterstützung ebenfalls an der Unfallstelle bleiben.

Insbesondere sollte die Person, die für medizinische Notfälle zuständig ist, die Nummer des örtlichen Arztes, des Bereitschaftsdienstes, des nächsten Krankenhauses und den örtlichen Notruf kennen (am besten auch noch den Vergiftungsnotruf). Eine Vorlage findet sich in Notfallblatt (2981).

Da jeder medizinische Notfall auch in einen organisatorischen Notfall nach sich ziehen kann bzw. diesen schon direkt darstellt, sollte es eine weitere Person (am besten ein Leiter) sein, der dann die weitere Gestaltung eines schnell ausgedachten Programms durch Unterstützung der anderen Betreuer gestaltet. Da auch dieser in einer solchen Situation angespannt und dadurch evtl. nicht ganz so flexibel sein könnte, bietet es sich an das schnelle Alternativprogramm bereits vorher zu planen, gut zu dokumentieren und an einem schnell erreichbaren Ort zu lagern.

Do's and Don'ts für Betreuer

Die Betreuer müssen während einer Ferienfahrt viele Entscheidungen zu treffen, die man vorher einfach nicht absprechen kann. In der jeweiligen Situation muss dann schnell entschieden werden. Die folgende Auflistung kann als Hilfestellung für richtiges, aber auch falsches Verhalten herangezogen werden.

Do's für Betreuer:
- Sei konsequent bei Regelverstößen!
- Beobachte die Gruppe und achte auf die Rudelsführer und die Außenseiter.
- Fälle kein zu schnelles Urteil über Teilnehmer und Betreuer.
- Stelle dich geduldig auf jedes Kind individuell ein. Achte auf seine Wünsche und Interessen.
- Motiviere dich und andere.
- Werfe dich jeden Tag mit vollem Einsatz ins Geschehen.
- Mach dich auch mal zum Clown, aber gehe auch vorbildlich voraus.
- Sei offen, Neues zu lernen und ebenso Vieles weiterzugeben.
- Sei dir bewusst, warum du hier bist: Für die Kinder!
- Sei immer für alle Kinder da!
- Du bist nicht der beste Freund der Kinder, aber du bist auch kein Herrscher über sie. Finde den goldenen Mittelweg!
- Sei für die Kinder eine Ansprechperson, der sie alles anvertrauen können.

Don'ts für Betreuer:
- Versuche nicht nur billig Urlaub zu machen und dabei ein bisschen Geld zu verdienen, ohne dafür viel tun zu müssen.
- Lache keine Teilnehmer aus, weil diese aufgrund ihrer motorischen oder kognitiven Leistungsfähigkeiten eine Aufgabe nicht bewältigen können (und ansonsten auch nicht).
- Kritisiere keine anderen Betreuer vor den Teilnehmern. Diskutiert Konflikte in Leiterrunden aus und nicht vor den Kindern.

KONTAKT MIT ELTERN UND TEILNEHMER

Ausschreibung und Werbung

Die Ausschreibung für Ferienfahrten sollte möglichst motivierend, ehrlich und realisitisch sein. Vor allem sollten das Hauptziel sowie die Programmhighlights deutlich genannt werden. Ebenso bietet es sich an, nicht nur über die Ferienfahrt an sich, sondern auch noch - vor allem auch für Nicht-Vereinsmitglieder offene Ausschreibungen - den Verein zu beschreiben. Zudem sollten verschiedene Kontaktwege (Telefon, Mail, Handy) eröffnet werden, um schnelle Rückfragen zu ermöglichen. Bevor die Ausschreibung verteilt wird, sollte man diese auf Vollständigkeit und Richtigkeit überprüfen (bspw. mit Hilfe des Fragenkataloges von http://www.ferienfahrt.info/s-ferienfahrten-check.html).

Ob man zusätzlich zu der Ausschreibung (als Flyer, A4-Blatt oder Folder) auch noch ansprechende Plakate entwirft, ist sehr von den Möglichkeiten, die zum Werben zur Verfügung stehen, abhängig.

Nachdem die Ausschreibung erstellt wurde, kann man diese

- an die Teilnehmer der Gruppenstunden verteilen;
- bei verschiedenen Veranstaltungen auslegen;
- an die Vereinsmitglieder verschicken;
- in der Zeitung bewerben;
- an der Vereins-Informations-Tafel oder den örtlichen Informationstafeln (Erlaubnis einholen) aushängen;
- per Mail an Teilnehmer der letzten Jahre schicken;
- in diversen Geschäften auslegen und dort ggf. zu den Aushängen hinzufügen;
- auf der Vereinshomepage bewerben;
- in das Ferienfahrtenverzeichnis bei Ferienfahrt.info einstellen;
- in Facebook als Veranstaltung anlegen;
- auch durch Mundpropaganda bewerben: Animiere die schon angemeldeten Teilnehmer, bei ihren Freunden Werbung zu machen.

Je nach Ferienfahrt sollte man andere der Vorschläge wählen, um die gewünschte Zielgruppe zu erreichen. Und: Die beste Werbung sind begeisterte Teilnehmer nach der Ferienfahrt!

Anmelde- und Rückmeldebögen

Es gibt zwei verschiedene Verfahren zum Erfassen eines Teilnehmers, die sich vor allem durch den Umfang der erfassten Daten unterscheiden. Es sollte immer eine Abwägung zwischen dem Alter der Teilnehmer, der Dauer der Ferienfahrt sowie der geplanten Aktionen stattfinden, um die zu erfassenden Daten zu ermitteln.

Als Minimalanforderung sollten auf jeden Fall

- der Name des Teilnehmers,
- die Anschrift des Teilnehmers,
- Kontaktdaten des Teilnehmers,
- Name der Erziehungsberechtigten,
- Kontaktdaten der Erziehungsberechtigten,
- Kontaktdaten während der Ferienfahrt der Erziehungsberechtigten,
- Normalesser, Vegetarier, Veganer,
- Allergien und
- Krankheiten

erfasst werden. Ebenso sollten die "Krankenversicherung und (der) Impfausweis", das "Bewegen in 3er-Gruppen", das "Nach-Hause-Schicken bei Verstößen" und auch das "Einverständnis zum Verwenden der gemachten Fotos und Videos" erfasst werden. Viele weitere Möglichkeiten werden im Artikel Anmeldeformular- und Rückmeldebogen-Baukasten (4112) vorgestellt. Vor allem, wenn viele Daten abfragt werden, bietet sich ein zweistufiges System an:

1. Die Erziehungsberechtigten melden den Teilnehmer durch einen Anmeldebogen an, auf dem nur die Namen und Kontaktdaten des Teilnehmers sowie der Erziehungsberechtigten abgefragt werden.
2. Nachdem die Anmeldung eingegangen ist, wird den Erziehungs-berechtigten die Anmeldebestätigung mit dem ausführlichen Rückmeldebogen zugesandt, in dem alle weiteren Daten abge-fragt werden.

45

Anmeldeformular- und Rückmeldebogen-Baukasten

Wie bei allen Rechtsthemen kann dies nur eine Orientierung geben, endgültige Rechtssicherheit liefert nur der Gang zum Anwalt eures Vertrauens.

Unterscheidung Anmeldeformular und Rückmeldebogen

Normalerweise durchläuft eine Anmeldung zu einer Freizeit zwei Phasen. Zuerst haben die Interessenten nur einen Flyer mit den wichtigsten Daten zu der geplanten Ferienfahrt in der Hand. Auf diesem befindet sich ein kleiner Anmeldeabschnitt. Diesen bezeichne ich im Weiteren als Anmeldeformular.

Nachdem das Anmeldeformular beim Anbieter der Ferienfahrt ausgefüllt angekommen ist, schickt dieser den Eltern bzw. dem Teilnehmer eine Anmeldebestätigung mit dem Rückmeldebogen, in dem noch zahlreiche weitere Informationen über den Teilnehmer abgefragt werden. Diese sollen zum einen dazu dienen mögliche Gefährdungen des Teilnehmers zu vermeiden und gleichzeitig ein pädagogisch verantwortungsbewusstes Handeln der Betreuer ermöglichen.

Anmeldeformular

Das Anmeldeformular darf meist nur sehr klein ausfallen, da meist nicht viel Platz auf dem Informationsflyer übrig bleibt. Es sollten dort nur die wichtigsten Daten zum Teilnehmer abgefragt werden. Diese sind:

Teilnehmer:
- Vorname, Nachname
- Geschlecht
- Geburtsdatum
- Straße + Hausnummer
- PLZ + Ort

Erziehungsberechtigte:
- Wer ist erziehungsberechtigt? Vater + Mutter, nur Vater, nur Mutter, andere Person
- Anschrift (wichtig bei getrennt lebenden Elternteilen, Patchworkfamilien, etc.)
- E-Mail
- Telefon

Rückmeldebogen
Da der Rückmeldebogen erst nach der eigentlichen Anmeldung den Teilnehmern zugeschickt wird, sollte man in diesem ausführlich die Daten zum Gesundheitszustand und zum Umgang mit dem Teilnehmer abfragen. Punkte, die mit (K) gekennzeichnet sind, würde ich nur bei Teilnehmern unter 12 Jahren abfragen. Viele der Punkte sind optional und man sollte sich selbstständig überlegen, ob man diese aufnehmen möchte oder nicht.

- Alle Daten vom Anmeldebogen
- Wer während der Maßnahme im Notfall erreichbar ist (und wie dieser erreichbar ist)
- Abfrage, ob Vegetarier oder Veganer
- Abfrage, ob der Teilnehmer Allergien hat (wenn ja, wogegen -> erleichtert die Essensplanung)
- Abfrage, ob der Teilnehmer andere Erkrankungen hat (wenn ja, welche und welche Medikamente regelmäßig genommen werden müssen und je nach Alter der Teilnehmer, ob die Medikamente durch die Lagerleitung abgegeben oder durch das Kind selbstständig eingenommen werden)
- letzte Tetanusimpfung am ...
- Die „Erlaubnis zum frei bewegen" in Dreiergruppen
- "Heimsendung" bei wiederholten Missachten der Anweisungen
- Die Abfrage, welches Schwimmabzeichen der Teilnehmer besitzt (nur wenn See oder Schwimmbadbesuch geplant bzw. eventuell möglich wäre)*
- „Ich erkläre mich damit einverstanden, dass die gemachten Fotos und Videos von der Veranstaltung im Internet (und ....) öffentlich gezeigt werden dürfen."
- Die Abfrage, ob der Teilnehmer Unterstützung im Umgang mit

Geld benötigt (Einführung einer „Lagerbank") (K)
- Die Abfrage, ob der Teilnehmer das erste Mal für eine längere Zeit von zu Hause weg ist (intensivere Beobachtung in den ersten Tagen und „Beschäftigung", um Heimweh vorzubeugen) (K)
- Die Abfrage der Hobbys und Interessen (um auf jeden Fall ein Gesprächsthema für den vorherigen Punkt zu haben) (K)
- eventuell weitere Punkte

* Die Frage, ob der Teilnehmer schwimmen kann, hilft hier nur wenig weiter. Denn viele Eltern setzen den Erwerb des Seepferdchens mit "Schwimmen können" gleich. Und trotzdem würde ich keinen Teilnehmer mit Seepferdchen ohne Beaufsichtigung ins tiefe Wasser im Schwimmbad, in einen See (überall) oder in das Meer (überall) lassen. Natürlich sind auch die Schwimmabzeichen nur mangelhafte Indikatoren für die echte Schwimmfähigkeit des Teilnehmers. Sie geben aber auf jeden Fall mehr Auskunft darüber als die Frage, ob der Teilnehmer schwimmen kann.

Weiterführendes
Beispiele für Rückmelde- und Anmeldebögen für Ferienfahrten und Tagesaktionen finden sich in den folgenden Artikeln:

- Einverständniserklärung/Rückmeldebogen/Anmeldung - Sammelplatz (2537)
- Rückmeldebogen bei der Anmeldung zur Tagesaktion (1177)

Viele Antworten auf weitere, und zu diesen Thematiken gehörende, rechtliche Fragen befinden sich in der Kategorie rechtliche Fragen.

... und nicht vergessen: Mehr Teilnehmer für die eigenen Ferienfahrten sind immer toll! Also die eigenen Ferienfahrten bei www.ferienfahrt.info einstellen.

Eltern- und Teilnehmerbriefe

Mit Hilfe von Eltern- und Teilnehmerbriefen kann man diese beiden Gruppen getrennt voneinander über die Ferienfahrt informieren und dabei auf die Interessen der beiden Gruppen einzeln eingehen.

Eltern möchten vor allem über das weitere Vorgehen sowie die Organisation der Ferienfahrt informiert werden. Somit sollten in diesem Brief (bspw. in der Anmeldebestätigung) nochmals die wichtigsten Daten der Ferienfahrt stehen:

- Start- und Enddatum der Ferienfahrt
- Bezahlkonditionen
- Regelung über die Abfahrt am Starttag
- Erreichbarkeit bei Notfällen
- Ansprechperson bei Rückfragen und während der Ferienfahrt
- Handy-Regelung während der Ferienfahrt
- Regelung über die Rückfahrt am letzten Tag

Den Teilnehmer kann man bei einer Ferienfahrt mit Thema bzw. Motto (5394) durch den Teilnehmerbrief auf diese einstimmen, indem man den Brief schon passend dazu gestaltet und formuliert. Ebenso ist das Wecken von Vorfreude und Interesse an der Ferienfahrt möglich, indem man bereits auf die Highlights verweist, ohne aber zu viel zu verraten.

49

Elternabende und Vortreffen

Vor der Ferienfahrt bietet es sich an, einen sogenannten "Elternabend" oder auch ein "Vortreffen" durchzuführen. Ziel des Abends soll sein, die Eltern und die Teilnehmer ausführlicher als dies durch die Ausschreibung möglich wäre, über die Ferienfahrt zu informieren sowie den direkten Kontakt zum Veranstalter und einen ersten Eindruck von den Betreuern zu ermöglichen. Mit einem kleinen Getränkeverkauf bzw. Getränke gegen Spende lassen sich hierbei auch schon die ersten Gelder einnehmen.

Elterabende bzw. Vortreffen folgen meist einer klaren Struktur:

1. Vorstellung des Leiters (der auch begrüßt)
2. Vorstellung der Betreuer
3. Vorstellung des Anbieters (Ziele, Inhalte, ...) mit kurzem historischem Abriss der eigenen Ferienfahrten ("... führen wir bereits seit 10 Jahren mit großem Erfolg Ferienfahrten durch").
4. Vorstellung des Ziels (Fotos oder Videos aus dem Internet oder von der Vortour)
5. Vorstellung des Mottos bzw. Themas, Tagesablaufs (aufstehen, zu Bett gehen), Programms (Highlights und etwas allgemein) und der Aufgaben (bzw. Dienste) der Kinder
6. Vorstellung der Packliste (Was muss mitgenommen werden, was bleibt zu Hause?)
7. Taschengeldempfehlung, ggf. Erläuterung des Ferienfahrten-Kiosks
8. Unterstützung durch Eltern (Kontakte zu einem Autoverleih, Werbegeschenke von den Firmen, ...)
9. Zeit für Fragen
10. gemütlicher Ausklang

Elternbriefe, -pakete, -besuche und -anrufe

Während einer Ferienfahrt ist es vor allem aufgrund von Heimweh einzelner Teilnehmer (vgl. Verhaltens- und organisatorische Absprachen (5395)) wichtig, eine klare Linie zu haben, wie man man mit Briefen, Paketen, Anrufen und Besuchen von Eltern und ggf. weiterer Verwandschaft umgeht. Sollte ein Teilnehmer, der bereits Heimweh hat, einen Brief von seinen Eltern bekommen, so kann dieser das Heimweh verstärken - oder auch reduzieren. Es ist ganz davon abhängig, wie die Eltern den Inhalt aufbauen. Da die Briefe vor dem Ausgeben nicht kontrolliert werden können, sollte man auf dem Elternabend bereits darauf hinweisen, dass in den Briefen keine Abholungsoption, sondern Perspektiven für nach dem Ende der Ferienfahrt eröffnet werden sollten.

Dieses Problem kann umgangen werden, indem man den Eltern mitteilt, dass an Teilnehmer adressierte Briefe und Pakete erst am Abreisetag ausgegeben werden. Vor allem die Pakete stellen meist nur eine umfangreiche Absicherung des Süßigkeitenvorrates dar und stehen somit meist in einem Kontrast zu einer ausgewogenen und abwechslungsreichen Ernährung, die das Küchenteam (5400) geplant hat.

Ein großes Problem stellen unangekündigte Besuche von Eltern oder Verwandten am Ort der Ferienfahrt dar. Hier gilt es, schnell durch die Leitung und ggf. die Betreuer zu reagieren. Es gibt nur zwei Möglichkeiten, wobei man sich auf eine vor der Ferienfahrt einigen sollte:

1. Die Besucher werden ohne Kontakt zu den Teilnehmer wegge-
   schickt. Diese Option ist vor allem dann günstig, wenn man mit
   vielen jüngeren Teilnehmern unterwegs ist und dadurch die Gefahr von Heimweh entsteht. Meist verstehen die Besucher dies
   ohne Probleme. Allerdings gibt es auch immer wieder Fälle, bei
   denen die Eltern ihre Kinder vermissen und nicht sofort einsich-
   tig sind. Wichtig ist hierbei: Als erstes die Besucher dazu bewe-

gen sich ein paar Schritte vom Platz zu entfernen und dann (außerhalb der Sicht der Teilnehmer) darüber zu sprechen.

2. Die gleiche Situation, anderes Vorgehen: Besucher kommen, wiederum vom Platz begleiten, gewünschten Teilnehmer holen und Kontakt ermöglichen. Diese Variante kann jedoch je nach Eltern sehr schnell ausarten, vergrößert die Gefahr von Heimweh (auch "Max Eltern waren da; warum meine nicht?") und auch dann sollte der Kontakt nicht ohne einen Leiter stattfinden, um falsche Schilderungen sofort korrigieren zu können.

Falsche Schilderungen treten vor allem auch bei den Elternanrufen auf. Auch wenn heutzutage Handys die Erreichbarkeit erleichtern, sind diese bei vielen Ferienfahrten nicht erwünscht. Da es auch wichtig ist, dass der Teilnehmer keinen "schnellen Draht" nach Hause hat und auch ebenso die Eltern nicht über jeden Schritt informiert sein müssen. Daher ist es häufig so, dass man in der Mitte der Ferienfahrt einen "Telefonabend" einrichtet, an dem die Teilnehmer gemeinsam mit Betreuern zu einer Telefonzelle wandern. Von dort aus kann dann jeder Teilnehmer daheim anrufen. Auch wenn es rechtlich bedenklich ist: Man sollte sich überlegen, ob sich nicht doch ein Betreuer mit in die Telefonzelle quetscht, um auf die Schilderungen der Teilnehmer und einer ggf. gewünschten Einschätzung gegenüber der Eltern reagieren zu können. Es geht dabei weniger um Kontrolle als um Vorbeugung. Vor allem jüngere Kinder erzählen am Telefon sehr schnell etwas falsches, wenn das Heimweh steigt.

Ferienfahrten-ABC

Am Elternabend (5393) oder Vortreffen (5393) bzw. beim Aussenden der Elternbriefe (5409) bietet es sich an eine Auflistung der wichtigsten Punkte in Form eines Lexikon-Verzeichnisses hinzuzufügen. Dadurch bietet man den Eltern die wichtigsten angesprochenen Punkte in Textform. Als Punkte bieten sich an:

- Abfahrt
- Ankunft
- Alkohol und Zigaretten
- Ausfallgebühren
- Auslandskrankenschein
- Besuche
- Bezahlung
- Busunternehmen
- Campingplatz
- elektronisches Spielzeug
- Elternanschrift
- Ferienfahrtfahrt - und Gruppenleitung
- Ferienanschrift
- Freizeitangebote
- gefälschte Markenartikel (hauptsächlich bei Fahrten in südliche Gefilde)
- Gesundheitsfragen
- Gepäck
- Handgepäck
- Impfpass
- Insekten
- Internet
- Koffer
- Küche
- Lagerordnung
- Medikamente
- Öffentliche Förderung bzw. Finanzierung
- Pfarrbüro (bei kirchlichen Einrichtungen)
- PKW/Kleinbus
- Porto

- Reiseunternehmen
- Rückfragen
- Schuhe
- Sonne
- Spenden
- Taschengeld
- Taschenmesser bzw. Messer
- Telefon bzw. Handy
- Termine (Abfahrt, Ankunft, Nachtreffen)
- T-Shirt (wenn etwas mit einem Kleidungsstück gebastelt werden soll)
- Versicherung
- Verpflegung
- Wanderungen & Ausflüge
- Zelt
- ...

Sicherlich kann man das ein oder andere zusammenfassen. Die Erfahrung hat aber gezeigt, dass zusammengefasste Themen, wie z.B. Küche und Verpflegung, überlesen werden.

WÄHREND DER FERIENFAHRT

Teilnehmer empfangen

Je nach Ferienfahrt hat man den ersten direkten Kontakt zu den Teilnehmern, wenn diese am Ort ankommen (bspw. bei individueller Anreise) oder schon vor der Busfahrt. Um diese beiden Phasen möglichst strukturiert durchlaufen zu können, hier einige Tipps:

- Teilnehmer möglichst an einem klar definierten Ort empfangen.
- Anmeldestand bzw. -person ("Ich bin da!") klar kennzeichnen und direkt Krankenkassenkarte und Impfausweis einsammeln.
- Krankenkassenkarte und Impfausweis in Briefumschläge oder Dokumententasche (Klarsichtfolientasche) packen und beschriften.
- Rückmeldebögen alphabetisch geordnet in einem Ordner ablegen.
- Betreuer und Leitung mit Funktion und Namensschildern versehen, um als klare Bezugsperson erkenntlich zu sein.
- Ggf. die Anmeldung schon thematisch gestalten.
- Bei individueller Anreise den Übernachtungsort zuweisen und kleine Spiele anbieten, da die Teilnehmer meist zum Teil zu unterschiedlichen Zeiten anreisen.

Bus- bzw. Zugfahrten

Sei es zu Beginn, am Ende oder während einer Ferienfahrt, Bus- und Zugfahrten kommen immer wieder vor. Doch stellen Busfahrten durch den begrenzten Platz, die wenigen Bewegungsmöglichkeiten und die Regelungen durch das Straßenverkehrsrecht vor allem bei längeren Strecken ein Problem dar. Hier einige Tipps, um mit der Langeweile und dem Unmut der Teilnehmer umgehen zu können:

- Kleine Quizfragen stellen, auch Musik-Quiz und Kriminalfälle bzw. -rätsel (361)
- Bingo (oder auch Städte-Verkehrszeichen-Bingo oder Buchstaben-Bingo) spielen
- Kennenlernspiel: Jeder zieht einen Zettel. Darauf steht dann bspw. "Sarahs Hobbys". Zu klären innerhalb der nächsten Pause.
- Vorlesen
- Für die Teilnehmer wichtige Ferienfahrtenregeln aufschreiben lassen.
- Zimmer- bzw. Zelteinteilung und Plan für die Dienste gemeinsam erstellen
- Dabidas/ Ein praktisches Infoheft (3454)

Zudem bietet es sich an eine "Buskiste" mitzuführen, in der die wichtigsten Materialien sind (vgl. Buskiste, Diskussion zum Inhalt (4664)). Die Betreuer müssen sich einigen, wer welche der im folgenden beschriebenen Aufgaben übernimmt. Bei einem Halt des Busses sollte man das folgende Vorgehen anstreben:

- Bei jedem Bushalt (auch technischem Halt durch den Bus) gibt es vorher eine Ansage durch die Leitung oder durch einen von den Betreuern.
- Die Kids werden über den Ablauf informiert.
- Ein Betreuer steigt als erstes aus.
- Die Gruppe (bestehend aus Kindern) sammelt sich möglichst in einer Zweierreihe vor dem Bus. Bei Jugendlichen kann man darauf verzichten, jedoch sollte man auch diese nicht allein laufen lassen.

57

- Die Gruppe wird von einem Betreuer angeführt und ein anderer läuft am Schluss.
- Wenn Straßen überquert werden müssen, sperren zwei andere Betreuer die Straße ab, damit sichtbar ist, dass die Gruppe "Vorfahrt" hat.
- Man kann eine Freifläche oder einen Spielplatz mit den Kids belegen. Keiner verlässt die Gruppe.
- Während der Pause gehen die Betreuer mit den Kids in Kleingruppen auf Toilette. Alle anderen bleiben auf der festgelegten Fläche.
- Beim Rückmarsch zum Bus das Durchzählen nicht vergessen, aber wenn aufgepasst wurde, sollte keiner fehlen.

Tagesablauf

Auf einer Ferienfahrt ist es wichtig, einen geregelten Tagesablauf zu haben. Dies führt dazu, dass sowohl die Teilnehmer, als auch die Betreuer eine klare Vorstellung von den einzelnen Tagen haben.

Des Weiteren führt ein geregelter Tagesablauf dazu, dass schon eine Grundstruktur vorhanden ist. Der ganz grobe Rahmen wird ohnehin durch die drei Mahlzeiten geregelt:

- Frühstück (jeden Morgen um 8:30 Uhr),
- Mittagessen (immer um 13:00 Uhr),
- Kaffeepause (um 15:00 Uhr) und
- Abendessen (um 18:30 Uhr).

Neben diesen ganz klaren einfach zu verstehenden Zeiten bzw. Tagesablaufpunkten ist es jedoch auch wichtig noch andere Zeiten während der gesamten Freizeit konstant beizubehalten. Es ist zum Beispiel wichtig, dass die morgendliche Weckzeit gleich bleibt. Dies gibt den Teilnehmern Sicherheit und erspart den Betreuern tägliche Diskussionen. (Es beginnt nicht jeden Abend die Diskussion, warum am nächsten Morgen schon um 7:30 Uhr geweckt wird, wo doch heute erst um 8:00 Uhr geweckt wurde.) Ebenso verhält es sich natürlich auch mit der Zu-Bett-Geh-Zeit.

Wichtig ist bei der Planung eines jeden einzelnen Tages, darauf zu achten, dass niemand zu kurz kommt. Das heißt, man kann nicht einen ganzen Tag lang nur Fußball spielen, wenn dies ein Teil der Gruppe nicht gerne tut. Jede Tagesplanung sollte ausgewogen sein und die Bedürfnisse aller Teilnehmer ansprechen.

Ein Beispiel wäre morgens 90 Minuten lang Neigungsgruppen & Workshops anzubieten bei denen sich jeder aussuchen kann, an welchem er gerne teilnehmen möchte. Dann bis zum Mittagessen mit der Gesamtteilnehmergruppe einige Spiele spielen. In der Mittagspause sollten sich die Kinder unter der Aufsicht von mindestens einem Betreuer ausruhen oder selbstständig beschäftigen (Fritz möchte vielleicht gerne eine Sandburg bauen, Anna aber lieber schaukeln). Nach der Kaffeepause geht es dann

59

mit ruhigen Kreisspielen weiter, um dann noch ein großes Geländespiel zu veranstalten. Da die Kinder nach dem Abendbrot nicht mehr so auf Touren gebracht werden sollten (das Schlafengehen könnte sonst schwierig werden), empfiehlt es sich, das Abendprogramm mit einem ruhigeren Programmpunkt (Wanderung, Geschichte, Lagerfeuer, bunter Abend, Spielshow) zu füllen.

Insgesamt ergeben sich auf einer Ferienfahrt daher folgende feste Programmpunkte:

- Wecken
- Frühstück
- Morgenrunde (In dieser wird der folgende Programmpunkt oder der ganze Tag vorgestellt.)
- Mittagessen
- Mittagspause
- Kaffeepause mit Mittagsrunde (Hier werden die folgenden Programmpunkte vorgestellt.)
- Abendessen
- Abendrunde (Vorstellung der folgenden Programmpunkte)
- Abendaktionen
- Tagesabschlussrunde mit der Gesamtgruppe
- Gute-Nacht-Geschichte auf den Zimmern

Zu beachten ist, dass ein geregelter Tagesablauf über die gesamte Ferienfahrt Sicherheit und Ordnung bietet, jedoch nicht immer zu 100% einzuhalten ist, sondern lediglich einen Richtwert bietet und jeden Tag zur Not angepasst werden muss (bspw. wenn man einen Brunch anbieten möchte, bietet sich ein späteres Aufstehen an).

Homepage während der Ferienfahrt

Mit einer Homepage während der Ferienfahrt bindet man sich zwar einen ganz schön zeitaufwändigen Klotz ans Bein und es passt bestimmt nicht in den Rahmen und zur Idee einer jeden Ferienfahrt. Darüber hinaus ist einiges zu bedenken und zu organisieren, aber es ist häufig der "Renner".

Eine Ferienfahrtenhomepage ist eine schöne Möglichkeit, die Lieben daheim bei dem ganzen Spaß, den man hat, nicht außen vor zu lassen (und das ganz ohne, dass die Kinder dafür telefonieren müssten) und alle Erinnerungen und Bilder gleich zu sammeln und für die Kinder nach dem Lager zugänglich zu machen.

Bei so einer Seite sind der Kreativität natürlich keine Grenzen gesetzt und man kann sicher auch andere Medien als eine eigene Homepage wählen.

Was man braucht:
- PC oder Laptop im Lager
- Internet im Lager (mittlerweile hat man dafür mitunter ja sogar Handys)
- Jemanden, der eine Homepage betreuen kann
- Webspace (Am einfachsten ist es, wenn man eine bestehende Vereins- oder Verbandseite ergänzen kann.)
- Zeit im Lager

Übliche Elemente der Seite:

Berichte
Zu jedem Tag wird abends ein Bericht geschrieben. Wie lang und wie ausgeschmückt der ist, kann ganz unterschiedlich sein. Je nachdem, wie lang der Tag war und wie viel Schlaf die Leiter brauchen. In der Regel wird hier aber der Tagesablauf mit Programm und einigen Anekdötchen erzählt.

Fotos
Wie viele Fotos man pro Tag so hochladen möchte, hängt

61

wahrscheinlich sehr von der Zeit und Bandbreite ab. Wenn man einen Bericht geschrieben hat, wäre es schön, wenn alles, was erwähnt wurde, auch zu sehen ist. Aber falls die Redakteure mal weniger Zeit haben, kann man den Text durch Bilder ersetzen, die die weiteren Geschehnisse erklären.

Hier ganz wichtig: Das Recht am eigenen Bild! Lasst die Kinder und die Eltern am besten schon vor der Freizeit wissen, dass es eine Seite geben wird, auf der auch Fotos hochgeladen werden sollen. Wer damit nicht einverstanden ist, kann sich dann melden. Beachtet diese Einwände!

Gebt euch Mühe, dass alle Kinder mal zu sehen sind, sonst sind einige Eltern hinterher traurig.

Kinderstimmen
Auch die Kinder könnten etwas schreiben. Dabei achtet darauf, dass das Ganze nicht in einen Postkartenersatz ausufert. Das wäre eventuell auch möglich, aber das ist das World-Wide-Web, in dem die Kinder nicht allzu persönliche Dinge veröffentlichen sollten. Es gibt immer wieder Kinder, die gerne selber einen Tagesbericht oder ein Gedicht oder eine Anekdote oder einen lustigen Spruch, der gefallen ist oder, oder, oder für die Seite aufschreiben wollen.

Gästebuch
Hier können Mama, Papa, Oma, Opa, Freunde, Cousinen, Tanten und Onkels ihre Eindrücke und Grüße hinterlassen. Alle Gästebucheinträge werden ausgedruckt und auf dem Lagerplatz aufgehängt. Die Kinder freuen sich, wenn sie einen kurzen Gruß oder ein Kommentar zu einem Foto von sich finden. (Postkarten und Päckchen kommen trotzdem reichlich an.)

Infoleiste
Hier kann man in Kurzform das aktuelle Programm, Essen, Wetter und vielleicht auch ein Tagesfoto vorstellen.

Beachtet bei solch einer Homepage zu eurem eigenen Schutz alle rechtlichen Rahmenbedingungen und beachtet zum Schutz der Kinder besonders alle Datenschutzregeln. Es bietet sich daher an

die Seite zumindest mit einem Passwort oder sogar mit einer ganzen Benutzerverwaltung zu schützen und jedem Teilnehmer und seinen Eltern eigene Zugangsdaten zu geben. Informiert die Eltern im Vorhinein ausreichend über die Homepage. So können Fragen und Bedenken rechtzeitig geklärt werden.

Die Teilnehmer bekommen die Homepage während des Lagers nicht zu Gesicht. Die einzigen Berührungspunkte mit der Seite sind die ausgedruckten Gästebucheinträge und die Berichte, die sie vielleicht selber schreiben. Dafür haben sie nach dem Lager, kaum dass sie aus dem Bus ausgestiegen sind, nochmal die Chance, das ganze Lager zu durchleben.

Betreuerabsprachen zur Tagesplanung und -evaluation

Jeden Abend sollte während der Ferienfahrt eine Besprechungsrunde zwischen allen Betreuern und Leitern stattfinden. Diese Runden dürfen mit zusätzlichen Extras des Küchenpersonals, vielen Süßigkeiten und kleinen Aufmerksamkeiten von Seiten der Ferienfahrtenleitung aufgebessert werden. Ebenso sollten die verschiedenen Phasen zur Auflockerung zwar vom Grundprinzip gleich bleiben, aber ggf. in ihren Methoden variieren. Um ein Erinnern und Nachlesen am nächsten Tag zu erleichtern, sollte jeden Abend ein Protokoll (einfaches Hausheft) geführt werden, das im kinderfreien Bereich ausliegt (und nicht von dort entfernt werden darf). Es bietet sich dabei an, die folgende Reihenfolge für die Besprechungsrunde zu verwenden:

1. Reflexion des Tages
2. Vorbesprechung der nächsten Tages
3. Besondere Vorfälle und Themen

1. Reflexion des Tages

Um die Stimmung der Betreuer und die Erlebnisse des Tages einzufangen, sollte die jeweilige Tagesreflexion durch die Betreuer starten (vgl. Evaluation während und am Ende einer Ferienfahrt (5403)) und erst am Ende durch die Leitung vervollständigt werden. Anschließend sollte ggf. noch die Rückmeldung über einzelne, kleine Aktionen schriftlich mit Perspektiven und ggf. Vermeidung von negativen Punkten gesammelt werden. Wichtig ist dabei, dass die Betreuer, die diese Aktion vorbereitet haben, diese Punkte ohne Verteidigung hinnehmen und als Anregung für die Zukunft betrachten.

2. Vorbesprechung des nächsten Tages

Anschließend muss auf Grundlage der Planung der Tage und Einheiten (5357) der Planungstreffen/-wochenenden der nächste

Tag vorbesprochen werden (im halbwegs freien Gespräch):

1. Was war geplant? Was ist dabei zu beachten? Welche besonderen Situationen gibt es?
2. Was kann umgesetzt werden? Was muss abgewandelt werden? Was ist passend vorbereitet?
3. Was muss morgen noch vorbereitet werden?
4. Wer übernimmt was? Was benötigt er dafür (Zeit und Material)?
5. Wie wird medizinische und organisatorische Notfallhilfe gewährt?
6. Worauf muss geachtet werden?

3. Besondere Vorfälle und Themen
Wohingegen kleine Fälle schon bei der Reflexion des Tages angesprochen werden, können jetzt große Fälle wie "völlig falsch gelaufene Aktionen", "Probleme während der Mittagspause" und "besondere Teilnehmer" besprochen werden. Die jeweiligen Punkte werden dabei meist gleich aufgebaut:

1. Schilderung der Situation
2. Diskussion (Eindrücke der anderen, mögliche Beseitigung, Umsetzung oder Lösung)
3. Lösungsfindung (hat sich entweder durch Diskussion schon ergeben, neue Diskussion oder Abstimmung)

Ablenkungen

"Lustig ist das Ferienfahrtenleben,

Faria, faria, fum.

Brauchen dem Leiter kein Gehorsam zu geben,

Faria, faria, fum.

Lustig ist´s im Betreuerbereich

wo des Betreuers Aufenthalt

Faria, faria, faria, faria

Faria, faria, fum.

Auf den Bänken und auf dem Boden

da machen wir uns ein großes Spaß

blinzt uns nit als wie die Sonn´

so leben wir in Freud´und Wonn´

Sollt uns einmal der Leiter plagen,

Tun wir uns ein Teilnehmerlein jagen:

Teilnehmerlein nimm dich wohl in Acht,

wenn des Betreuers Lustlosigkeit kracht.

Sollt uns einmal der Programmpunkt sehr quälen,

gehn wir hin zu 'n Betreuerverstecken,

Trinken das Wasser so klar und rein,

meinen, es müßte Champagner sein.

... "

Okay, einen Durchhänger hat wohl jeder mal auf einer Ferienfahrt
- und darf man auch haben. Wichtig ist jedoch, auch dann noch zu
wissen, wie man sich zu verhalten hat. Man kann sich als Betreuer
vor keinem Programmpunkt ohne Absprache mit den anderen

Betreuern drücken, muss seine eigenen Aufgaben ernst nehmen und sollte jedem die Chance geben, seine eigenen Stärken und Schwächen zu erfahren.

Schön gesprochen, doch was heißt das jetzt im Bezug auf Ablenkungen auf einer Ferienfahrt? Das nächste Spiel gefällt mir nicht? Dann ziehe ich mich zurück in die kinderfreie Zone! Der Tag war schon soooo anstrengend für mich? Dann ziehe ich mich zurück in die kinderfreie Zone! Ich habe keine Lust darauf mich jetzt mit den zwei Teilnehmern und ihrem Problem zu beschäftigen? Kein Problem, in die kinderfreie Zone dürfen diese ja nicht rein. Ich habe keine Lust mein Material der letzten Aktion wegzuräumen? "Ähhh, Betreuer X, warte mal. Räum doch mal weg, ich muss dringend was in der kinderfreien Zone machen!" Die Teilnehmer nerven -> kinderfreie Zone ... die Betreuer nerven -> kinderfreie Zone, wenn alle beim Programm sind ... die Leiter nerven -> kinderfreie Zone, während die Leiter beschäftigt sind.

Nein, so sollte es nicht laufen. Es ist wichtig, sich auf einer Ferienfahrt über sein eigenes Handeln und dessen Auswirkungen auf die Umwelt (und wenn es durch Hinweise von Mitbetreuern geschieht) bewusst zu sein. Es ist kein leichter Job, aber auch kein unmöglicher. Das Ziel muss man dabei im Auge behalten: "Eine schöne, erlebnisreiche Ferienfahrt gestalten - ohne sich selbst zu verausgaben, aber aktiv und umfangreich mit zu wirken!". Basta!

Notfallblatt

Im Notfall ist es wichtig, schnell das Richtige zu tun. Dazu ist die folgende Übersicht da:

Notruf
Wichtiger als auf alle fünf W-Fragen bei einem Notfall zu antworten, ist es, auf Rückfragen zu warten. Wer trotzdem gleich die wichtigsten Informationen geben will, kann sich an den folgenden Fragen orientieren:

- Wo?
- Was?
- Wie viele Personen?
- Welche Art des Geschehens/Verletzung/Erkrankung/Unfalls?
- Warten auf Rückfragen

Wichtige Rufnummern
Allgemein:

o Deutschland:
- Notruf: 112
- Polizei: 110
- Feuerwehr: 112
- Giftnotruf Bonn: 0228 19240
- SMS-Apotheken-Notdienst: 82682 (Sende "NOT APO PLZ"; dort kann man dann auch Infos zu Notaufnahmen und anderes bekommen)

o Österreich
- Rettung: 144
- Polizei: 133
- Feuerwehr: 122
- Ärztenotdienst: 141
- Vergiftungsinformationszentrale: 01 406 4343

o Schweiz
- Sanität: 144
- Polizei: 117
- Feuerwehr: 118
- Rega (Rettungsflugwacht): 1414
- Tox. Zentrum: 145

Speziell für Freizeiten, Lager, Vereinsaktionen
o Telefonnummer der Lagerleitung
o Telefonnummer des Veranstalters, Amtes, etc.
o Telefonnummern der anderen Betreuer
o Telefonnummer des Lagerhauses
o Telefonnummern von Ärzten und Krankenhäusern vor Ort

Umgang mit "schwierigen" Teilnehmern

Man muss sich selbst bewusst machen, dass man trotz der besten Vorbereitung auf eine Ferienfahrt nicht an alle möglichen Situationen und an alle möglichen Ereignisse denken kann. Trotzdem sollte man vor dem Lager (auf Grundlage der Inhalte der Rückmeldebögen) verschiedene Situationen, die sich zwischen Teilnehmern oder zwischen Betreuern und Teilnehmern ergeben könnten, "durchspielen". Ob man das Durchspielen der Situationen als Rollenspiel mit anschließendem Feedback oder nur im Gespräch durchführt, ist von der Zeit und von der Art der Situation abhängig. Grundsätzlich gilt jedoch: Umso mehr verschiedene Situationen bewusst durchlebt wurden, umso einfacher wird eine passende Reaktion während der Ferienfahrt sein. Auch das klare Absprechen und Festlegen von Regeln auf den Planungstreffen/-wochenenden führt zu einer passenden Reaktion.

Zum Üben findet man im Grik mehrere Situationen, die man durchspielen und mit den diskutierten Ergebnissen vergleichen kann:

- Problemkinder - Rollenspiel (1207)
- Betreuervorbereitung: Konsequentes Verhalten von Betreuern/sinnvoller Umgang mit Strafen (3868)
- Fallbeispiel: aggressives Kind (4822)
- Eskalierter Raufbold (4565)
- Chefin Sabine (4586)
- Körperlich behinderter Junge, der alles mitmachen will (4588)
- Mit muslimischen Kinder zur Ausstellung in einer Kirche (4587)
- Übergewichtige Kinder (2787)
- Hardcore Kids (3660)
- Wann ist es zu Ende? Wann kann ich nach Hause? (2785)
- Was tun bei Mobbing? (3244)
- aggressive kinder (3540)
- Umgang mit Querulanten (3654)
- Verhalten und Umgang gegenüber Phobikern (1510)
- Nichtbefolgung von Anweisungen - Was nun? (3885)

- Sanktionen und Strafen (4012)
- Kind fängt immer an zu heulen?? (1335)
- Streit in der Gruppe (1266)
- Heimweh (1141)
- Heimfahrt eines Kindes (1126)
- Geheimnis (1121)
- "krasse Jugendliche" (1110)
- Zwang (1100)
- Bestrafungsaktion (1086)
- Kind verschwindet während einer Nachtwanderung (1077)
- Gewitter (1075)
- Verschwundenes Handy (1070)
- Kind hat keinen Hunger (1066)
- Kind will keine Leiter hochklettern (1065)
- hyperaktive Kinder (ADS / ADHS) (1064)

Vor allem sollte man darauf aufbauend Regeln und allgemeine Verhaltensweisen entwickeln. Wer noch weiter gehen möchte, der sollte das Planspiel "Planspiel Krisenmanagement (Unglück auf Freizeit - Management zu Hause (2167))" in die Vorbereitung einbetten, damit es nicht zur Frage zum Verhalten von älterem Leiter (3308), Was macht man, wenn keiner aufräumt? (1115) und Wie weit fühlt ihr euch für eure Gruppenstundenkinder verantwortlich? (1076) kommen kann.

Evaluation während und am Ende einer Ferienfahrt

Durch eine Evaluation während, am Ende und nach einer Ferienfahrt (vgl. Evaluation einer Ferienfahrt (5375)) können verschiedene Eindrücke der Teilnehmer abfragt werden. Am Ende einer Ferienfahrt wird man jedoch kaum die Eindrücke der Eltern und der Betreuer ausführlich evaluieren können. Beide Gruppen können erst befragt werden, nachdem die Ferienfahrt abgeschlossen, die Teilnehmer zu Hause und alles wieder aufgeräumt ist.

Mit einer Evaluation während oder am Ende einer Ferienfahrt fragt man den aktuellen Eindruck über die Ferienfahrt ab. Da sich dies nur auf die Teilnehmer bezieht, gibt es verschiedene Methoden, die man anwenden kann. Eine Auswahl findet man in der Kategorie Reflexions- & Feedbackmethoden. Darüber hinaus kann man auch hierbei (ggf. zusätzlich) - vor allem am Ende der Ferienfahrt - eine schriftliche, anonyme Evaluation vornehmen - um keine Rückmeldung zu verpassen und auch schüchternen Teilnehmern die Möglichkeit zu einer ehrlichen Rückmeldung zu geben.

Bei längeren Ferienfahrten bietet es sich an, dass die Teilnehmer auch jeden Abend bzw. nach X Tagen in Kleingruppen bereits ihre bisherigen Erlebnisse mündlich oder mit Hilfe einer der Methoden schildern. So können die Ergebnisse direkt in den weiteren Verlauf der Ferienfahrt einfließen.

Betreuer-Tages-Evaluation

Vor allem die Betreuer und die Leitung sollten jeden Abend den zurückliegenden Tag besprechen, um schnell auf Eindrücke und ggf. Missstimmungen der einzelnen Betreuer eingehen zu können. Dazu bietet es sich an mehrere Leitfragen zu verwenden:

- Wie fühlst du dich?
- Was fandest du heute super?
- Was fandest du heute nicht so gut?

- Was hat dich gestört?
- Was darf so nicht mehr vorkommen?
- Was wünscht du dir für morgen?

Schriftlicher Evaluationsbogen
Für eine schriftliche Evaluation am Ende einer Ferienfahrt kann man bspw. den folgenden Bogen verwenden, der auch während der Rückfahrt den Teilnehmern ausgeteilt werden kann und somit diese schmerzliche Gruppenphase füllt:

Wie hat dir das Lager insgesamt gefallen?
Toll - Super - Gut - Ok - Geht so - Gar nicht

Dazu möchte ich noch sagen:

Wie hat dir das Programm insgesamt gefallen?
Toll - Super - Gut - Ok - Geht so - Gar nicht

Deine Top 5:

Deine Flopp 5:

Dazu möchte ich noch sagen:

Wie hat dir das Essen insgesamt geschmeckt?
Toll - Super - Gut - Ok - Geht so - Gar nicht

Deine Top 3:

Deine Flopp 3:

Dazu möchte ich noch sagen:

Das wird mir immer in Erinnerung bleiben:

NACH DER FERIENFAHRT

Abbau, Reinigung, Lagerung, Reparatur und Neuanschaffung von Material nach der Ferienfahrt

Während einer Ferienfahrt wird viel an Material benutzt. Angefangen von Spielmaterial über Bastelbedarf bis hin zur Küchenausstattung und ganzen Zelten. Das ist ein sehr breites Gebiet. Deshalb ist es sehr wichtig am Ende einer Ferienfahrt, das Material richtig abzubauen, zu reinigen, ggf. zu reparieren (bzw. zu ersetzen) und schonend zu lagern. Schließlich möchte man im nächsten Jahr direkt wieder in die Ferienfahrt starten und nicht erst das gesamte Material auf seine Vollständigkeit und Funktionsfähigkeit überprüfen, vor allem, da man Teile des Materials (bspw. Zelte) nicht kurzfristig ersetzen oder erneuern kann.

Hier einige Tipps für die verschiedenen Bereiche:

Spielmaterial
- auf Materialschäden überprüfen, ggf. reparieren oder ersetzen

Bastelbedarf
- Bastelkisten wieder auffüllen
- Kleber überprüfen (verschlossen und noch gefüllt?)
- zu kurze Buntstifte, Wachsmalstifte und leere Farbstifte entsorgen
- Papier und Pappe nachkaufen

Zelte
- nur komplett durchgetrocknet einpacken und trocken sowie durchlüftet lagern
- der untere Rand sollte vor dem Zusammenpacken mit Wasser und einem feinen Lappen bzw. Besen gesäubert werden
- die Heringe und Erdnägel säubern und verbogene bzw. kaputte ersetzen
- ggf. vorhandene Gelenkstücke auf Risse und Mängel untersuchen
- "undichte" Zelte mit Spezialmittel oder bei entsprechenden

Dienstleistern neu imprägnieren
- Löcher professionell flicken bzw. reparieren lassen

Küchenausstattung
- auf Vollständigkeit überprüfen
- Gaskocher auf Standfestigkeit testen
- Rückblick: Bei welcher Speise gab es Probleme? Notieren und daraus ggf. Materialwünsche ableiten!

Betreuerabschluss

Besondere Gedanken sollte man sich als Leiter einer Ferienfahrt über den Abschluss mit den Betreuern machen (nachdem die Teilnehmer abgefahren sind), denn der Abschluss hat die größte Auswirkung darauf, ob die Betreuer auch bei der nächsten Ferienfahrt wieder mit dabei sind. Daher bietet es sich an, ein Gemeinschaftsevent zu realisieren, bei dem die Betreuer untereinander in Kontakt treten können. Einfache Events wären gemeinsam Essen zu gehen, ein Schwimmbad zur Regeneration besuchen oder auch einfach ein gemeinsamer Lagerfeuerabend. Natürlich kann man auch Gruppenaufgaben, gruppendynamische Spiele umsetzen. Um es kurz zu machen: Es geht dabei vor allem um Spaß!

Trotzdem muss man auch noch mit den Betreuen gemeinsam die Ferienfahrt evaluieren (verschiedenen Methoden findet man unter Reflexions- & Feedbackmethoden). Dabei sollte der Fokus auf der Zusammenarbeit mit den Leitern und den organisatorischen Faktoren liegen:

- Was hat dir die Arbeit als Betreuer erschwert?
- Hattest du genug Freiraum, um deine Aufgabe als Betreuer frei erfüllen zu können?
- Wie, wo, warum haben euch die Leiter nicht genug unterstützt?
- Wo könnte die Zusammenarbeit mit den Leitern noch besser laufen?
- Was würdest du das nächste Mal ändern?
- Was war dein Highlight?
- Was war dein Flop?
- Was war dein lustigstes Erlebnis?

Wenn möglich, sollte man hier auch die Ergebnisse der Evaluation während und am Ende einer Ferienfahrt (5403) ansprechen und über diese diskutieren sowie entsprechende Folgerungen für die Zukunft daraus ziehen.

Evaluation einer Ferienfahrt

Eine "echte" Evaluation einer Ferienfahrt findet meist nicht statt. Bei dem Großteil der Ferienfahrten wird mit den Teilnehmern eine kurze Evaluation am Ende der Ferienfahrt durchgeführt. Zu einer "echten" Evaluation würde jedoch vor allem auch eine Befragung der Eltern und der Teilnehmer gehören, nachdem etwas Zeit vergangen ist. In dieser kann deutlich mehr abgefragt werden als in der direkten Abschlussreflexion (vgl. Evaluation während und am Ende einer Ferienfahrt (5403)). Natürlich sollten diese Bögen die direkte Kommunikation untereinander nicht ersetzen. Sie können jedoch hilfreich sein, falls bestimmte Punkte (aus vielfältigen Gründen) nicht angesprochen werden oder trotz positiver Rückmeldung aufgrund der Art der Rückmeldungen noch Verbesserungspotential besteht.

An die Eltern:
- Wie fanden Sie unsere Informationen über die Ferienfahrt im Vorfeld? gut, mittel, schlecht
- War der Flyer aussagekräftig oder haben Ihnen Informationen gefehlt?
- Was hat Ihnen beim Anmelde- bzw. Rückmeldebogen Probleme bereitet?
- Welche für Sie wichtigen Information über Ihr Kind konnten Sie nicht entsprechend einsortieren/unterbringen?
- Waren die Angaben für die An- und Abreise für Sie klar?
- Den Preis für die Ferienfahrt finden Sie ... zu hoch, genau richtig, zu niedrig
- Von den Erzählungen Ihres Kindes ausgehend: Sind Sie mit unseren Leistungen .... zufrieden, naja, unzufrieden ... und warum?
- Würden Sie Ihr Kind nächstes Jahr wieder mit uns auf eine Ferienfahrt schicken?
- Falls Sie uns noch etwas mitteilen möchten:

An die Teilnehmer:
- Wie hast du dich während der Ferienfahrt gefühlt?
- Wie ist das Gefühl entstanden?
- Welcher Programmpunkt hat dir ganz besonders gefallen?
- Bei welchem Programmpunkt hattest du am wenigsten Spaß?
- Welchen Dienst hast du am liebsten gemacht?
- Hast du noch Kontakt zu anderen Teilnehmern der Ferienfahrt?
- Würdest du nächstes Jahr wieder bei uns mitfahren?
- Falls du uns noch was sagen möchtest:

An die Betreuer bzw. Leiter:
- Wie hast du dich während der Ferienfahrt gefühlt?
- Wie kam das Gefühl zustande?
- Welcher Programmpunkt hat dir ganz besonders gefallen?
- Bei welchem Programmpunkt hattest du den geringsten Spaß?
- Was hat dir in der Vorbereitung am meisten Spaß gemacht?
- Was hat dir in der Vorbereitung am wenigsten Spaß gemacht?
- Was hat dir auf der Ferienfahrt am meisten Spaß gemacht?
- Was hat dir auf der Ferienfahrt am wenigsten Spaß gemacht?
- Wie würdest du den Leiter-Betreuer-Kontakt benoten und
  warum?
- Welche Note würdest du den Leitern geben?
- Welche Note würdest du den Betreuern geben?
- Die Aufwandsentschädigung ist für dich ...
- Würdest du nächstes Jahr wieder bei uns betreuen?
- Falls du uns noch was sagen möchtest:

Nachtreffen nach der Ferienfahrt

Je nach Träger gehören Nachtreffen zu einer Ferienfahrt zum Standardprogramm, können im Wunschfall organisiert werden oder müssen selbstständig von den Teilnehmern vorbereitet werden. Nachtreffen dienen den Teilnehmern vor allem zum Austausch über Erlebnisse, Fotos und ggf. Videos, die während der Ferienfahrt geschehen bzw. entstanden sind. Im Prinzip geht es also vor allem darum, die Teilnehmer wieder zu sehen und Spaß zu haben.

Für ein gelungenes Nachtreffen einer Ferienfahrt sollten im Prinzip dieselben Punkte wie für eine Ferienfahrt beachtet werden. Am wichtigsten dürften jedoch sein:

- Dauer: ein paar Stunden, ein Tag oder ein Wochenende (vor allem abhängig von dem Herkunftsgebiet der Teilnehmer)
- Ort: Zeltplatz, Wiese, Haus, der gleiche Ort wie die Ferienfahrt
- Programm: was wird fest geplant, was überlässt man dem Zufall, was lässt man abstimmen (bspw. über das beste Spiel der Ferienfahrt, um es nochmal zu spielen)
- Kosten: Wie hoch, wer trägt, was enthalten?
- Austausch und Kontakt: Wie organisieren, wie abwickeln?
- Verpflegung: Jeder selbst oder organisiert?

WEITERES

2-Zeilen-Tipps für das Gelingen von Ferienfahrten

Auch wenn man schon viele Gruppenstunden super gemacht hat, so gehen mit Ferienfahrten vor allem neue Situationen und Herausforderungen einher. Für alle Gruppenstunden-Erfahrenen-Leiter und alle Neu-Leiter von Ferienfahrten wollen wir hier kurze Tipps sammeln, die zu dem Gelingen einer Ferienfahrt beitragen.

Natürlich wird es dabei auch so sein, dass ein Tipp, der jemandem geholfen hat, dem nächsten wiederum nichts gebracht hat. Trotzdem wollen wir diese Tipps hier sammeln.

Kommentar von Christian Mehler
Überprüfe die Rückmeldezettel genau darauf, ob und wer Allergien hat. Merke dir diese Informationen und überprüfe die Essensplanung darauf.

Sprecht den Ablauf des nächsten Tages am Abend vorher nochmal genau durch: Sind die Aktionen fertig vorbereitet? Was muss noch gemacht werden? Wer macht was? Gibt es ein Alternativprogramm für schlechtes Wetter?

Sprecht euch möglichst häufig ab: Die Teilnehmer merken sofort, wer mehr erlaubt, wer weniger erlaubt und spielen euch so gegeneinander aus.

Kommentar von Monika Gisler
Macht gegen Ende des Lagers eine Lagerauswertung mit den Kindern und eine mit dem Leiterteam (evt. noch mit dem Küchenteam). So können alle ihre Wünsche, Korrekturen ect. einbringen!

Gilt für Zeltlager: Kontrolliert am Ende des Lagers alle Zelte und schreibt genau auf, was geflickt werden muss. Fragt auch die "Zeltbewohner" selbst. (unterer Reißverschluss kaputt, Risse im Innenzelt etc.)

Eine gute Vorbereitung ist wichtig! Überlegt euch bereits zu Hause, was wann im Lager noch organisiert werden muss. Geht

dafür Tagesprogramm für Tagesprogramm durch und notiert alles (Gruppeneinteilung muss gemacht werden, Leitereinteilung, Gelände rekken, Wanderung ablaufen, Platzabgabe organisieren, Bilette besorgen, etc.) Das erspart euch im Lager viel Zeit und Nerven!

Mach dir eine Liste mit den wichtigsten Informationen: Telefonnummern (mit Öffnungszeiten): Platzwart, Förster, Gemeinde, Hallenbad in der Nähe, Tourist Office, Post, ect.

Bei uns gehen 4 bis 6 Leiter bereits einige Tage (4 bis 5) früher auf den Lagerplatz zum Aufstellen (Vorlager). Wenn wir dann mit den Kindern ankommen, stehen die meisten Bauten (wie Küchenzelt, Leiterzelt, Dusche, WC ect.) bereits. Vergesst nicht dem Vorlagerteam zu danken!

Vergesst nicht zwischendurch dem Küchenteam danke zu sagen! ZIGI ZAGI kommt immer gut!

Kommentar von Christian Mehler

Sucht die Unterkunft sorgfältig aus. Erarbeitet euch für die Unterkunftssuche eine Checkliste. Dabei lohnt es sich auf bereits bestehende Checklisten zurückzugreifen: "für Unterkünfte" (4708) und "für Zeltplätze" (4707)

Benutzt die Rückmeldungen der letzten Ferienfahrt für die Planungen der nächsten Jahre. Was war gut? Was könnte man wie verändern, da es nicht so gut lief?

Führt (bei jüngeren Teilnehmern) eine Lagerkasse ein und richtet einen Lagerkiosk ein. Gebt ein "Konto" aus, auf dem auch die Anzahl der gekauften und noch nicht zurückgegebenen Flaschen vermerkt werden. Beschränkt auch die Anzahl der Süßigkeiten, die man am Lagerkiosk kaufen kann, damit sich die Teilnehmer nicht nur am Süßkram satt essen.

Plant die Aktionen "wiederverwertbar". Entwickelt strukturierte Vorlagen für Aktionen, die nach der Aktion gesammelt werden. Dies funktioniert auch mit Teilen von Aktionen (bspw. Spiele, Bastelanleitungen, Workshops). Macht dabei auch einen Abschnitt für Feedback / Anmerkungen / mögliche Verbesserungen. Für

Workshops & Neigungsgruppen findet ihr ein Beispiel in unserem Buch "Workshop & Neigungsgruppen" (ISBN 978-3-8370-6544-2).

Kommentar von Thomas Überreiter

Nutzt die Eltern bei der Vorbereitung der Kinder. Sie können ihnen beibringen, sich selbstständig im Lager mit Sonnenschutz einzucremen, nach Zecken abzusuchen und einen Mütze bei heißem Wetter zu tragen. Appelliert an ihre Vorarbeit am Elternabend.

Sagt den Kindern möglichst oft, auf was sie zu achten haben: Mützen tragen, Sonnenschutz, Zeckenselbstkontrolle, viel Trinken.

Sagt ihnen in der großen Runde morgens, was sie am Tag erwartet und zu welchen Zeiten etwa das Essen und Programm stattfindet. Seid selbst pünktlich und belohnt Kinder, die schnell kommen, wenn das Signal läutet damit, dass sie zuerst essen gehen dürfen.

Nutzt die Essenszeiten für kurze Moderationsthemen über das gerade Geschehene kurz allen zu berichten oder nochmal allgemeine Zeit oder Aktionsinfos loszuwerden.

Nutzt das Essen, um diejenigen zu belohnen, die pünktlich waren oder vorbildlich Mützen tragen oder bei nassem Wetter vorbildlich mit Gummistiefeln und Regenkleidung unterwegs sind und lasst sie zuerst gehen. (Bei uns können nicht 90 Leute auf einmal anstehen!)

Reflektiert das Programm vor dem nächsten Programmpunkt, so dass alle Kinder mitbekommen, was wer wo gemacht hat. Rattert keine Moderation runter, mit der ihr Motivation für die nächste Aktion erzeugen wollt.

Überlegt euch, was die Teilnehmer jetzt wissen müssen und wie man es ihnen am besten beibringt, bevor ihr vor die Gruppe tretet. Stimmt euch evtl. kurz unter 4 / 6 Augen ab, was zu sagen ist.

Unterstützt das Küchenteam mit Helfern aus euren Reihen und organisiert und seid hinterher, dass die Teilnehmer ihre Pflichten wie Küchendienst wahrnehmen.

Achtet in der Küche und bei der Essenzubereitung peinlichst auf

Hygiene. Es gibt nichts Schlimmeres, als ein Lager wegen Durchfall (ab fünf Fälle wird das Gesundheitsamt vorstellig!) oder ähnlichem abzubrechen.

Verpackt das Material am Ende des Lagers gleich so, wie es eingelagert werden kann, dann fasst ihr es nicht nochmal an.

Sorgt auf heißen Plätzen ohne Bach oder ähnliches für Erfrischung mittels Rasensprenger, Wasserbomben (Schnipsel wieder aufsammeln) oder Wasserschlachten mit Bechern, Plastikflaschen und beteiligt euch an diesen spontanen "Jeder wird nassgemacht"-Aktionen.

Seid Vorbild in allen Angelegenheiten (Essen, Mittagsruhe, Spielregeln einhalten, Materialnutzung, Küchendienst, Müll aufheben, Bänke zu zweit tragen, ...).

Habt ein offenes Ohr für die Kinder, wenn sie Nähe und Aufmerksamkeit brauchen. Sprecht ruhige Kinder regelmäßig an, damit sie sich aufgehoben fühlen.

Behaltet den Überblick über den Hygienestatus eurer Zeltgruppenkinder. Morgentoilette, abendliches Zähneputzen, regelmäßiges Duschen während der Freizeit. Wird die Kleidung gewechselt, wohin kommt die alte Wäsche.

Kommentar von Christian Mehler
Spielt selbst mit und haltet euch mit einer evtl. negativen Meinung über das Spiel bzw. die Aktion zurück.

Überwacht, dass jeder zum Essen kommt und jeder "genug" isst.

Kommentar von Elena Saffer
Bei größeren Gruppen sind Bezugsleiter sinnvoll, z.B. indem man Kleingruppen (nach Alter) bildet, die sich einmal am Tag treffen, um über Probleme, etc. zu sprechen. So finden die Kinder schneller Freunde und die Leiter können nach Programmpunkten immer ihre Gruppe auf Vollständigkeit überprüfen.

Trefft euch einmal am Tag, um das Programm kurz zu reflektieren, über das morgige Programm und über Probleme zu sprechen und um Infos weiterzugeben.

Macht eine Liste, was die Leiter während dem Lager beachten sollten und geht sie durch, bevor die Kinder kommen. Gebt den neuen Leitern auch die Möglichkeit zum Nachfragen.

Lasst Programmpunkte gemischt von neuen und alten Leitern vorbereiten.

Richtet Zonen ein, zu denen die Kinder keinen Zugang haben, wo Leiter einfach mal einen Moment abhängen können.

Schreibt die Lagerregeln so, dass sich sowohl Leiter als auch Kinder (ggf. auch Eltern) daran halten können und müssen.

Falls die Kinder selbst gebracht und abgeholt werden: Keiner wird vor der angegebenen Zeit auf den Platz gelassen (kompromisslos) und zwei Betreuer passen darauf auf. (Bei uns muss man richtig Wache stehen!)

Im Materialzelt immer ein bisschen Schokolade aufbewahren. Das ist eine tolle Möglichkeit, sich bei seinen Leitern zu bedanken und sie ab Tag 4 wieder aufzumuntern und aufzubauen.

Kommentar von Holger Grytz

Macht eine Abendleiterrunde, in der alles vom Tag besprochen wird: Was war gut? Was war schlecht? Welche Probleme sind aufgetaucht?

Kommunikation unter den Betreuern ist lebenswichtig, wenn einer ein Verbot ausspricht, müssen die anderen Betreuer es erfahren, sonst spielen die Kinder einen gegeneinander aus und man hat doppelte Arbeit.

Helft auch, wenn ein Betreuer mit einem Kind nicht zurechtkommt, dann kann ein anderer ihn unterstützen, da er vielleicht einen anderen Zugang zum Kind hat.

Wenn Ihr merkt, dass ihr in einer Krisensituation eure persönlichen Grenzen erreicht habt, geht aus der Situation raus und sucht euch Hilfe bei anderen Betreuern. Senkt die Frustration bei Betreuern und Kindern.

Kommentar von Nina Stock

Füllt während des Lagers zu jedem Gericht einen

Küchenreflektionsbogen aus: Gericht, Zutatenmengen, Mäulerzahl, Zubereitungsdauer, Wovon war zu viel oder zu wenig da?, Wie wurde das Essen angenommen?, Tipps und Tricks. Das sind wichtige Erfahrungswerte für das nächste Jahr. Vor allem, wenn das Küchenteam wechselt.

Erkundigt euch im vorhinein, wo der nächste Arzt bzw. das nächste Krankenhaus ist und wie ihr dorthin kommt! Informiert euch auch über Notdienste (nachts hat ja nicht jeder auf)! Lasst euch von den Eltern bestätigen, dass ihr bei kleineren Verletzungen selber die Kinder zum Arzt fahren dürft und keinen Rettungswagen rufen müsst.